FACULTÉ DE DROIT DE TOULOUSE

DU PRIVILEGIUM EXIGENDI

EN DROIT ROMAIN

DU PRIVILÉGE DU VENDEUR

D'EFFETS MOBILIERS NON PAYÉS

ET

DU DROIT DE REVENDICATION

EN DROIT FRANÇAIS

Thèse pour le Doctorat

SOUTENUE

Par Aloys de MÉRIC DE BELLEFON

A\ \T, NÉ A PARIS.

TOULOUSE

IMPRIMERIE DE CAILLOL ET BAYLAC

Rue de la Pomme, N° 34

1868

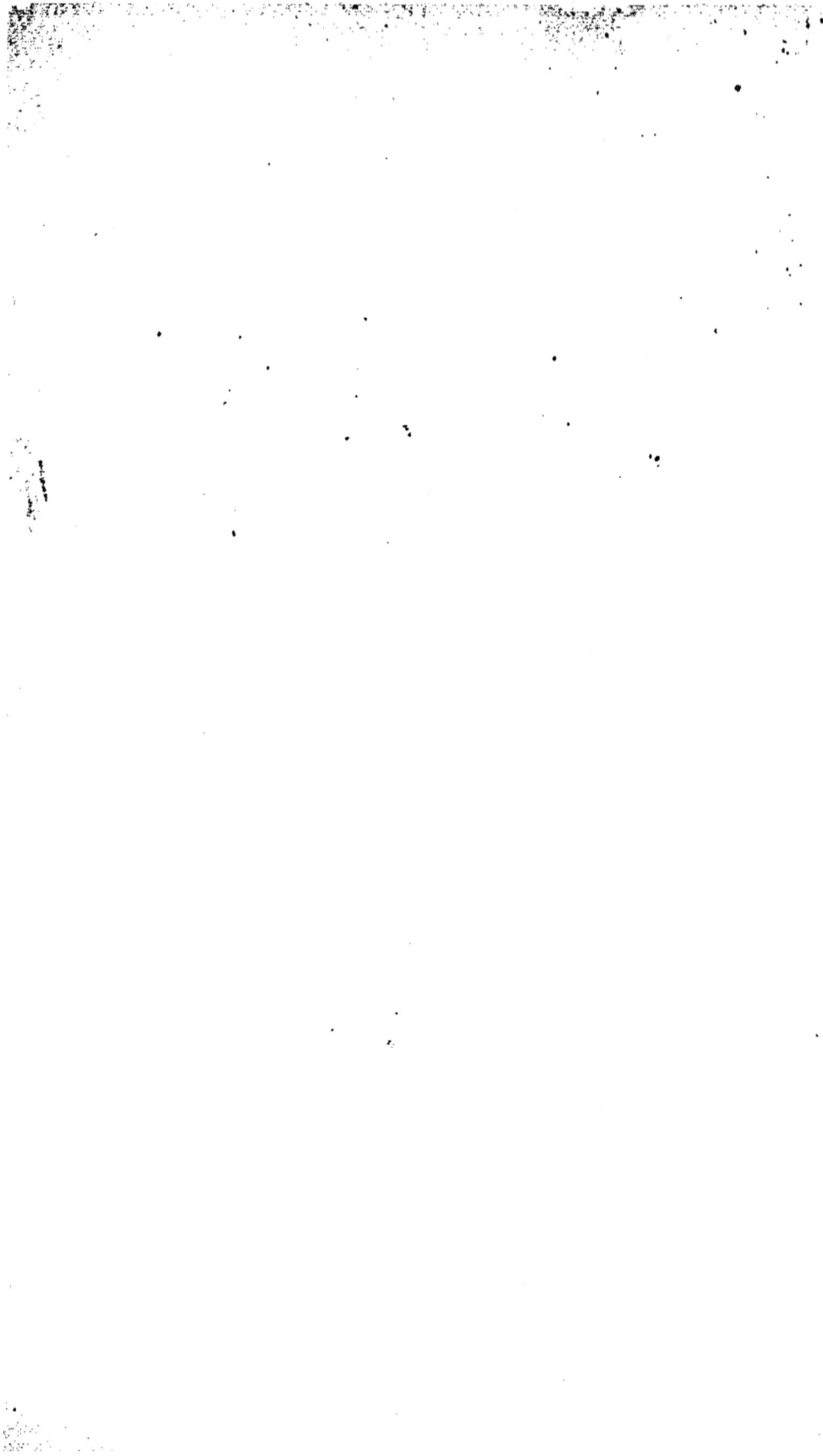

FACULTÉ DE DROIT DE TOULOUSE

—∘◦✕◦∘—

DU PRIVILEGIUM EXIGENDI

EN DROIT ROMAIN

DU PRIVILÉGE DU VENDEUR

D'EFFETS MOBILIERS NON PAYÉS

ET

DU DROIT DE REVENDICATION

EN DROIT FRANÇAIS

———

Thèse pour le Doctorat

SOUTENUE

PAR ALOYS DE MÉRIC DE BELLEFON

AVOCAT, NÉ A PARIS.

TOULOUSE

IMPRIMERIE DE CAILLOL ET BAYLAC

Rue de la Pomme, N° 34

—

1868

MEIS ET AMICIS

Ⓒ

FACULTÉ DE DROIT DE TOULOUSE

1867-68

MM.

RODIÈRE ❉, Professeur de Procédure civile, Doyen intérimaire.

DELPECH ❉, Doyen honoraire, en retraite.

DUFOUR ❉, Professeur de Droit commercial.

MOLINIER ❉, Professeur de Droit criminel.

BRESSOLLES, Professeur de Code Napoléon.

MASSOL ❉, Professeur de Droit romain.

GINOULHIAC, Professeur de Droit français, étudié dans ses origines féodales et coutumières.

HUC, Professeur de Code Napoléon.

HUMBERT, Professeur de Droit romain.

ROZY, agrégé, chargé du Cours d'économie politique.

POUBELLE, agrégé, chargé d'un cours de Code Napoléon.

BONFILS, agrégé.

ARNAULT, agrégé.

DELOUME, agrégé.

———

M. DARRENOUGUÉ, Officier de l'Instruction publique, secrétaire, agent-comptable.

———

Président de la Thèse, M. DUFOUR.

Suffragants:
| MM. BRESSOLLES. |
| HUMBERT. |
| ROZY. |
| POUBELLE. |

La Faculté n'entend approuver ni désapprouver les opinions particulières du Candidat.

DU PRIVILEGIUM EXIGENDI

L'idée de privilége implique nécessairement l'idée de concours; et tout concours suppose chez le débiteur un état d'insolvabilité assez avancé, pour ne pas permettre l'acquittement intégral de toutes les dettes. Dès lors il y a lieu de voir, s'il faut s'écarter des principes du prorata, si l'on ne doit pas préférer certains créanciers et substituer ainsi à la distribution au marc le franc, un ordre entre les différents intéressés.

C'est à cette situation juridique qu'il faut se rattacher, pour exposer sous son vrai jour la théorie encore si peu connue du *privilegium exigendi*.

En conséquence, nous aurons à parler :

1° Du concours des créanciers d'une manière générale.

2° Du *privilegium exigendi* en particulier.

De là, la division de notre thèse en deux parties : la première où sont tracés les principes généraux; la seconde où nous entrons dans le vif du sujet, afin d'en dégager l'ensemble d'une théorie juridique.

Notice. — De rebus auctoritate judicis possidendis seu vendendis, D. XLII, 5.

De privilegiis creditorum. D. XLII, 6. Pandectes Florentines.

Pandectæ Justinianeæ in novum ordinem Digestæ, par Pothier. T. XVII, p. 532, XLII, D. 5 et 6.

De bonis auctoritate judicis possidendis. Code VII. 72. De privilegio fisci. C. VII, 73. De privilegio dotis, C. VII, 74.

PREMIÈRE PARTIE

Du concours des créanciers en général (1).

CHAPITRE PREMIER

De la procédure préparatoire au concours.

La conversion en numéraire des biens du débiteur a été et est encore, de nos jours, un des problèmes les plus intéressants qu'il soit donné d'agiter. Les droit des particuliers et par dessus tout le crédit public, exigent des règles de nature à ménager le débiteur, tout en satisfaisant les légitimes espérances des créanciers.

Le Droit romain était loin d'atteindre la perfection relative que nous pouvons aujourd'hui remarquer en ces matières; l'idée même de saisir les biens, d'abord inconnue, ne fut jamais appliquée d'une manière uniforme. Le Droit ancien paraissait s'opposer à la distraction du patrimoine et il n'a fallu rien moins que les efforts répétés des Jurisconsultes, pour introduire le système de la vente en masse, dont les règles ne sont point sans analogie avec la faillite de nos Codes.

Notre étude nous entraîne à parler de nombreuses va-

---

(1) *Dabelow*. Essai d'un système développé de la théorie du concours des créanciers.

Schweppe. Du système de concours des créanciers. Kiel 1812. (3ᵉ édition.)

Putcha. Sur la procédure du concours.

Gmelin. De l'ordre des créanciers. 3ᵉ édition. Tubing 1813.

De Wangerow. Lerbuch der Pandecten (7ᵉ édition). T. III, §§. 592 à 594.

Marezoll. Lerbuch der institutionen, der Romischen Rechtes, 4ᵉ édition, § 153.

riations historiques et il faut distinguer : 1° la période primitive, où l'on saisit la personne pour en avoir les biens.

2° la période de transition, qui conserve encore des vestiges de la personnalité de l'obligation, tout en autorisant la vente du patrimoine.

3° La période où l'on agit séparément sur les biens, au moyen de la *distractio bonorum*.

SECTION Ire.

Saisie de la personne.

Dans ces temps primitifs, le droit se ressent de la rudesse de l'homme; dur à lui-même, le Romain ne saurait changer de caractère à l'égard de son obligé. C'est là ce que nous explique la condition vraiment déplorable du débiteur *nexus* ou *addictus*. Au moyen du *nexum* (1), mode solennel d'obligation *per œs et libram*, le créancier acquérait les droits de puissance publique sur son obligé et jouissait d'un véritable droit de main-mise sur sa personne. De là, une contrainte par corps contractuelle, dans laquelle l'autorité publique n'avait plus rien à voir; et la saisie de la personne nous apparait alors comme une compensation de la dette non encore acquittée; le créancier se paie sur le travail forcé de son débiteur. Telle était la condition du *nexus* (2).

Le débiteur *addictus* n'est pas mieux traité.

La contrainte, pour être judiciaire, n'en est pas moins

(1) *Nexum* vient de *nectere*, lier, obliger. Nectere ligare significat. Festus hoc verbo, p. 265, Muller.

On a encore voulu voir l'étymologie de *nexum* dans *nec suum* et de *nectere* dans *negotium*.

(2) Voyez pour de plus amples détails le remarquable travail de M. Giraud. Des *nexi* ou de la condition des débiteurs chez les Romains. *Walter*. Geschichte des romischen Rechts, 3e édition, T. II, n° 616.

sévère. Actionné en justice, le débiteur condamné ou avouant, *confessus aut judicatus*, a trente jours pour payer. A l'expiration du délai il est adjugé au créancier, contraint au travail et dans une position voisine de l'esclavage; soixante jours après *l'addictio*, le débiteur est vendu ou mis à mort, comme conséquence du droit de vie et de mort reconnu au maître sur son esclave. On va même plus loin, puisque on trouve dans la loi des XII Tables, une disposition autorisant les créanciers à couper en morceaux le cadavre de leur débiteur. Pour l'honneur des Romains, il est permis de penser qu'il n'y avait là qu'une mesure comminatoire (1).

Un pareil état de chose ne pouvait se prolonger.

Les nombreuses révoltes que nous signale l'histoire de cette époque, n'ont d'autre cause que les excès toujours croissants des usuriers, et l'on ne saura jamais jusqu'à quel point les créanciers patriciens usèrent et abusèrent de la personne de leurs débiteurs (2). La loi Pœtelia portée en 425 de Rome, supprime la contrainte au travail et adoucit l'emprisonnement du débiteur (3). Il n'y a plus d'exécution privée, de *nexum* de la personne, quoique la

---

(1) Le fragment de la loi des 12 tables dont il s'agit a été retrouvé dans un texte d'Aulu Gelle. Nuits attiques, T. X, 1 et ibid., comment.

Plusieurs auteurs n'ont voulu voir dans ce passage que la *sectio bonorum*. Mais Quintilien. Inst. Orat. III. 6. § 84. Cicéron. Pro Roscio 29, et Tertullien. Apolog. IV, Dion Cassius, T. I. Edition publiée par M. Gros, ne laissent aucun doute sur la nature du droit concédé par la loi.

D'après M. Giraud l'*obstagium* du moyen-âge et des formule du VI° siècle aurait son origine dans cette disposition de la loi des XII Tables. L'*obstagium* donnait au créancier le droit de disposer du cadavre de son débiteur au gré de son odieux caprice.

(2) Tite Live VIII, 28, flétrit dans ses Annales le détestable attentat de Papirius sur le jeune et beau Publilius, tombé dans le *nexum ob es alienum paternum*.

(3) Varron. De lingua latina VII, § 105, Cicéron. De republ., n° 34.

Tite-Live, l. VIII, n° 28.

manus. injectio existe encore; la perte de ce droit est compensée par le *juramentum bonæ copiæ*, promesse de consacrer le patrimoine tout entier à l'acquittement de la dette. C'est le germe de l'institution de la cession de biens, que nous trouvons déjà organisée sous Auguste.

Tout débiteur malheureux et de bonne foi, en abandonnant volontairement tous ses biens, dégageait sa personne et échappait ainsi aux fâcheuses conséquences de la contrainte par corps.

La contrainte de la personne était-elle le seul mode de sanction des obligations? Ce n'est pas à croire; mais ici, nous n'avons guère qu'à produire des conjectures; les textes positifs faisant complètement défaut. Dans le système des actions de la loi, nous trouvons bien la *pignoris capio*, qui organise une véritable saisie des biens, mais pour des cas exceptionnels (1). On ne peut généraliser ce mode de procéder; aussi en est-on réduit à penser que le bon sens pratique des Romains, avait, dès le principe, trouvé moyen de poursuivre le paiment de la dette sur les biens du débiteur.

Plusieurs passages de Denys d'Halicarnasse et de Tite-Live nous donnent à penser que l'exécution sur les biens, était possible dès les premiers temps. Il est certain qu'il n'y a pas de raisons propres à faire regarder comme plus sacrée la propriété que la liberté. Quoi qu'il en soit, ce ne sont là que des présomptions, auxquelles il serait téméraire de donner plus de force qu'elles ne méritent.

SECTION II.

Bonorum venditio.

L'institution de la *bonorum venditio* est une extension prétorienne de la *bonorum sectio,* et une imitation pres-

(1) Gaius, Comment. IV, §§ 26, 27, 28.

que fidèle de la *manus injectio*, à cela près, qu'au lieu d'appréhender la personne, on saisit le patrimoine tout entier (1).

Pour arriver à la vente en masse, on emploie la procédure de la *missio in possessionem*.

L'envoi en possession est accordé, soit pour l'exécution d'une décision judiciaire, soit pour suppléer au défaut ou à l'insuffisance de défenses; de telle sorte que cette procédure est, à la fois, une mesure conservatoire et un mode d'exécution, d'une sentence sur les biens (2).

L'envoi, demandé par un seul créancier, profite à tous les autres, sans constituer au demandeur aucun droit de préférence. En attendant la vente, l'administration est confiée à des curateurs nommés *ad hoc*, et les créanciers dressent un inventaire des biens du débiteur saisi. Trente jours après l'envoi, et quinze jours après, si le débiteur est décédé, les créanciers nomment un *magister*, chargé de procéder à la vente. Le *magister* dresse un cahier des charges, *lex bonorum vendendorum*, et opère la vérification des créances. Les créanciers non produisants sont déclarés forclos. Après un nouveau délai, la vente en masse avait lieu *sub hasta* (3) et aux enchères publiques. Le patrimoine tout entier était adjugé au plus fort enchérisseur.

Quels sont les effets de cette vente en masse?

1°. A l'égard du débiteur. — Il n'est libéré que dans la

(1) La *bonorum vendidio* remonte au Préteur Publius Rutilius, vers la fin du VI° siècle de Rome.

Gaius IV, § 35. De la l'action Rutilienne.

Ciceron. Pro Quintio, an 672 de Rome.

(2) Gaius, Com. III, § 78.

D. 42, 4. Quibus en causis in possessionem. — La possession *rei servandæ causa* constitue *le pignus prætorium*.

(3) La lance était chez les romains le symbole de la propriété et de la liberté. Aussi la voit-on apparaître dans les ventes et les affranchissements.

mesure du dividende payé par *l'emptor*. S'il n'a pas de biens nouveaux, il est protégé par le Préteur au moyen d'une exception, à moins qu'il ne soit *fraudator*.

2° A l'égard de l'acheteur. — Il y a transmission de l'universalité du patrimoine ; le *bonorum emptor* a l'*in bonis*, et se fait mettre en possession, au moyen de l'*interdictum possessorium* (1). Deux actions lui sont données pour exercer les droits du débiteur : l'action Servienne et l'action Rutilienne. La première a l'*intentio* conçue au nom du débiteur, et la *condemnatio vertitur in suam personam*. Dans la seconde, toutes les parties sont rédigées au nom de l'*emptor*, avec la fiction *si hæres esset*. L'adjudicataire est toujours tenu à la *deductio*, sorte de compensation préalable lorsqu'il s'adresse à une personne qui était en même temps créancière de l'exproprié.

3° A l'égard des créanciers. — La *bonorum emptio* leur permet d'exercer *utiliter* contre l'adjudicataire, les actions qu'ils auraient contre le débiteur.

Les hypothéques auraient subsisté même après la vente en masse, dans la mesure de ce qui dépassait le dividende payé : il était donc de l'intérêt de la masse, de désintéresser d'abord les créanciers à droit de préférence, pour rendre la vente possible ; d'ailleurs dans l'origine le gage seul était connu et les priviléges très rares. Le gagiste seul pouvait vendre l'objet qu'il possédait (2).

M. Demangeat (3) suppose que la *lex bonorum vendendorum* indiquait le montant des dettes privilégiées à payer sur le prix des biens et avant tous autres, et que les créanciers retardataires étaient *forclos*, s'ils se présentaient après cette *lex;* cette conjecture paraît rationnelle, bien qu'elle ne s'appuie sur aucun texte.

(1) Gaius, Comm. IV, § 145.

(2) Opinion de M. Humbert, à son cours. Marezoll, § 183. Contra Mackeldey, p. 416.

(3) Cours de droit rom., 2e édition, T. II, p. 138.

Section III.

Distractio bonorum.

La *bonorum venditio* produisait des effets désastreux à l'encontre du débiteur, sans pour cela présenter de grands avantages aux créanciers; aussi fut-elle bientôt remplacée par la *distractio bonorum*, vente au détail des biens du débiteur. Déjà sous le système formulaire, la *distractio bonorum* était appliquée dans certains cas exceptionnels, où il fallait avant tout préserver d'infamie le nom du débiteur insolvable. La *distractio bonorum* devint sans doute le mode normal d'opérer sous Dioclétien, lors de l'introduction de la procédure extraordinaire (1). On peut raisonnablement supposer que la substitution de la *distractio* à la *venditio*, fut une conséquence du changement de procédures. Dès que le magistrat eut à statuer sur le fond, il renonça à intervenir d'une façon aussi active dans la vente des biens, et ne fit plus que nommer les curateurs chargés d'administrer et de vendre.

La *distractio bonorum* se distingue profondément de la *bonorum emptio*. L'*emptor* n'est plus qu'un acquéreur à titre particulier, il n'y a pas transmission du patrimoine. En conséquence, il pouvait y avoir autant d'acheteurs que de choses mises en vente. Chacun consignait entre les mains des curateurs, qui, à leur tour, en rendaient compte aux créanciers lorsqu'ils se présentaient au concours; les delais entre l'envoi et la vente étaient fort longs sous Justinien, puisqu'ils étaient de deux et même de quatre ans (2).

En somme tous les intérêts sont conciliés; celui du débiteur, qui jouit de délais assez longs pour empêcher la vente

(1) Instit. III, 12, pr.
(2) L. 10, p: C. De bon. auct. jud. possid. VII, 72.

en payant sa dette; celui des créanciers, qui ont dans les curateurs des hommes disposés à mener au mieux les affaires du débiteur; celui de l'adjudicataire, qui n'est jamais débiteur que de son prix, sans endosser d'autres responsabilités.

CHAPITRE II.

Du Concours.

Après la vente des biens du débiteur, opérée suivant les différentes règles que nous avons examinées dans le chapitre précédent, il faut s'occuper de la distribution du prix, et par suite, parler du concours des créanciers sur ces valeurs ainsi réalisées. A ce point de vue, il faut classer les intéressés, régler le conflit et distinguer entre les revendiquants, les séparatistes, les concourants proprement dits et les créanciers de la masse (1).

SECTION Ire.

Des Revendiquants.

Les revendiquants ne sont point des créanciers; aussi ne prennent-ils pas part au concours. Il n'y a que les choses qui appartiennent au débiteur, qui sont susceptibles d'être comprises dans la masse. Et de même, que le curateur aux biens a le devoir de faire rescinder les aliénations frauduleuses, de même, il est dans l'obligation d'écarter de la masse tout ce qui est étranger au patrimoine.

Les revendiquants exercent *jure dominii* un *droit régulier de séparation* sur la chose qui leur appartient; ils

(1) Nous avons consulté surtout à cet égard Mulhembrüch, doctrina Pandectarum; Mackeldey, Manuel trad. Beving, § 772; et surtout de Wangerow, Manuel de Pandectes, tom. I, § 593, 6e édition, Leipsick, 1863. De Fresquet, Traité élément., tome II.

ont une position complètement indépendante de celle des créanciers de l'insolvable. Ils ne les priment pas, mais ils les écartent. Les créanciers revendiquants se présentent surtout dans les trois cas suivants :

1° Telle est d'abord l'hypothèse, où une personne exige en vertu d'une *actio in rem,* la restitution d'une chose qui se trouve dans la masse. Ceci comprend tous les cas de *rei vindicatio*, d'*actio publiciana,* en matière de propriété.

C'est par exemple un vendeur au comptant, qui a livré la chose; la tradition n'était, en effet, translative de propriété que sous la condition suspensive du paiement du prix. C'est encore une femme qui revendique ses biens dotaux existant en nature à la dissolution du mariage, depuis une Constitution de Justinien (1).

Il faut aussi nommer les séparatistes auxquels est concédé une *vindicatio utilis* contre le possesseur. Ainsi une action utile est donnée au pupille *ad rem vindicandam vel mutuam pecuniam exigendam*, afin de réclamer les choses que le tuteur a données pour lui-même en *mutuum*, ou qu'il a achetées avec l'argent du pupille (2). De même une action utile est concédée à la femme, pour réclamer ce qui a été acheté avec l'argent de sa dot. *Res quæ ex dotali pecunia comparatæ sunt, dotales esse videntur* (3).

Les fils de famille soldats ont également une *vindicatio utilis*, quant aux choses qu'un tiers a achetées pour lui-même, avec leur pécule *castrense* (4).

L'héritier qui a fait adition, est admis à revendiquer par la *petitio hæreditatis*, contre le débiteur qui détient *pro hærede* ou *pro possessore*, au détriment des créanciers admis au concours.

(1) C. 29 et 50. C. De jure dotium. V, 12.
(2) L. 2, D. Quando ex facto tutoris, XXVI, 9.
(3) L. 54, D. De jure dotium, XXIII, 3.
(4) C. 8, C. De rei vendicatione, III, 52.

Celui qui a un droit de *superficies* (1), ou d'*emphyteusis* avec une *utilis vindicatio*, ou un droit d'usufruit, d'usage et d'habitation avec une action confessoire, peut faire valoir son droit à l'encontre des créanciers.

2° Toutes les fois que le débiteur est tenu, par les liens d'une obligation personnelle, à restituer les objets dont il a la possession sans la propriét le créancier qui serait propriétaire en même temps, n'a pas non plus besoin de venir au concours. D'ailleurs le revendiquant agira *jure dominii*, par la *vindicatio* et non par les actions *commodati, depositi, locati, pigneratitia in personam*. Ces actions *in personam* lui sont offertes, pour avoir une indemnité au cas de perte de la chose ou de détériorations. Il est alors créancier et comme tel admis au concours. C'est là un point sur lequel M. de Wangerow (2) semble s'être mépris. Il faudrait selon nous une véritable revendication pour exercer le droit régulier de séparation (3). Voici un texte d'Ulpien qui paraît concluant (4). Il s'agit dans ce fragment d'un concours sur les biens d'un banquier : on distingue les créanciers qui, en remettant leur argent, n'ont entendu faire qu'un simple dépôt, et ceux qui ont voulu spéculer ; les premiers écarteront même les créanciers privilégiés si les écus existent encore et s'ils emploient la revendication ; les autres viendront au concours. Pour le

(1) Le *droit de superficie* est une création du préteur. Le concessionnaire n'avait *ex jure civili* que l'action de louage ou l'action d'achat. Au propriétaire seul appartenait l'interdit *uti possidetis* et la revendication. Mais le Préteur protégea le concessionnaire, d'abord par un interdit utile, puis par une action réelle prétorienne. Voyez au Digeste le titre : De superficiebus, 43, 18. Le droit de créance sur l'*ager vectigalis* se transforma également en droit réel d'emphytéose. Voyez au Digeste le titre : Si ager vectig., VI, 3. Adde L. 12, § 2. D. De public in rem, VI, 2.

(2) Lehrbuch, III, § 593, n° 2.

(3) V. en ce sens Gmelin, classement des créanciers, 3ᵉ édit., Tubing. 1813, 83, 84.

(4) L. 24, § 2. D. De rebus. jud. XLII, 5, et *futurum eum qui vindicat ante privilegia.*

moment et sans nous arrêter aux difficultés soulevées plus loin sur ce texte, il faut remarquer que le dépositaire doit employer l'action en revendication.

Par l'interdit *unde vi*, au cas de dépossession par violence d'un immeuble possédé actuellement par le débiteur, ou encore au moyen de la *condictio furtiva*, pourrait-on éviter le concours? Ne faudrait-il pas là employer la *rei vindicatio*? Il nous semble que la revendication doit être une condition *sine qua non*, pour exercer le droit de séparation *jure dominii*. Telle n'est pas l'opinion de M. de Wangerow (1).

3° Au nombre des revendiquants, il faut encore compter ceux qui agissent à la suite d'une *restitutio in integrum* prononcée par le Préteur. Cette restitution a pour effet de rétablir toutes choses dans leur état antérieur.

En conséquence, les aliénations survenues sont réputées n'avoir pas eu lieu. Ces restitutions ne sont admises, que dans certains cas déterminés, pour minorité, lésion, dol et violence.

Le restitué peut exercer la revendication (2), puisqu'il est replacé dans la propriété de la chose. Il n'en serait pas de même, si l'on n'avait à sa disposition qu'une action *in rem scripta*, par exemple l'action *quod metus causa* (3); on ne pourrait alors éviter le concours. Ces actions, quoique conçues *in rem*, n'en sont pas moins personnelles et comme telles, incapables de servir de fondement à une demande en séparation.

---

(1) Voyez en notre sens Gmelin, § 84. Dans son ouvrage : De l'ordre des créanciers d'après le Droit romain.

(2) Il en serait de même à fortiori, c'est-à-dire le droit de préférence serait acquis, si le demandeur était restitué directement, *cognitione pretoria*, sans que le Préteur jugeât nécessaire de délivrer une action *in rem*

(3) L. 9, § 8, quod metus causa IV, 2. L. 14, § 3. D. h. t.

Section II.

Des Séparatistes.

Les séparatistes *ex jure crediti* sont :

« Les créanciers personnels du débiteur commun, qui
» par un motif particulier, ont le droit de demander qu'une
» partie des biens du débiteur soit séparée de la masse, et
» que leur créance soit acquittée sur cette partie des biens
» à l'exclusion de tous les autres créanciers (1). »

Le droit de séparation n'existe que dans certaines hypothèses déterminées. Tel est d'abord le cas de la séparation
des patrimoines (2). Les créanciers du défunt en face d'un
héritier chargé de dettes, écartent, au moyen de ce bénéfice,
les créanciers personnels de l'héritier, et la succession reste
entièrement affectée au paiement des dettes héréditaires.
Cette séparation des deux patrimoines est particulièrement utile aux créanciers chirographaires du *de cujus*,
qui n'ont ainsi plus rien à craindre des créanciers hypothécaires de l'héritier. Le bénéfice de la séparation introduit dans l'intérêt exclusif des créanciers du défunt, est
étendu aux légataires et même aux créanciers de l'héritier,
lorsque le débiteur commun a accepté la succession par
dol et à leur préjudice ; il fut aussi concédé à l'héritier
nécessaire. Un autre cas de séparation nous est encore
mentionné dans un fragment d'Ulpien (3). Un esclave a
exercé pour son maître deux commerces différents, par
exemple le commerce des soies et celui des toiles, pour me
servir des expressions de la loi romaine : les créanciers de
l'un et de l'autre commerce, ont le droit de demander la
séparation, afin que les marchandises de chaque espèce
soient réservées à leur paiement exclusif ; bien plus, à sup-

(1) Mackeldey, § 772.
(2) L. 1, §§ 1, 5, 6 et 7. D. De separationibus, XLII, 6.
(3) L. 5, §§ 15 et 16. D. De tributoria actione, XIV, 4.

poser que ce fut le même commerce, mais qu'il y eut deux établissements *(tabernæ)*, il faut encore admettre la séparation de chaque *taberna* au profit des créanciers qui ont avancé sur l'un ou sur l'autre établissement, *ne ex alterius re, merceve alii indemnes fiant, alii damnum sentiant.* Ainsi il y a trois cas de séparation : séparation de la *taberna*, du reste du pécule ; séparation entre les marchandises se rattachant à deux commerces différents, et enfin séparation entre plusieurs *tabernæ* dans le même commerce. On cite aussi un dernier cas de séparation, au profit des créanciers qui ont fait des avances à un fils de famille, relativement à son pécule castrens, et qui veulent éviter le concours des autres intéressés. Toutefois M. de Wangerow fait remarquer, que dans le texte (1) il n'est pas question d'un droit de séparation, mais qu'il s'agit d'une classification de créanciers sur le pécule castrens. Tous les créanciers viennent au marc le franc, à l'exception de ceux qui déjà, avant le service militaire, avaient contracté avec le fils de famille. Ces derniers ne prennent rang, qu'après ceux dont la créance est née à propos du pécule, tout en primant ceux qui peuvent intenter contre le père une action *de in rem verso.* Il est juste en effet que les créanciers qui peuvent actionner le père, ne viennent point au concours sur le pécule.

Section III.

Des créanciers concourants.

Après avoir éliminé les revendiquants et les séparatistes, nous nous trouvons en face de véritables créanciers, dont il faut régler le conflit. Dans cet ordre d'idées il y a lieu d'établir plusieurs catégories (2).

(1) Loi 1, § 9. D. De separationibus, XLII, 6.
(2) Mulhembrüch. Doctrina Pandectarum, § 173. Colocandorum creditorum ordo ratioque.

Première classe. — En première ligne se présentent les créanciers hypothécaires privilégiés, qui cumulant à la fois les avantages de l'hypothèque et du privilége, et réunissent dans leurs mains les droits de suite et de préférence.

Les hypothèques privilégiées furent très nombreuses du temps de Justinien ; elles étaient tantôt légales, tantôt conventionnelles. Parmi les premières on peut mentionner le privilége du fisc, qui devint hypothèque privilégiée, pour le recouvrement des impôts arriérés et le reliquat de compte du *primipilus,* fonctionnaire chargé de la distribution des vivres.

Le privilége simple de la femme mariée, fut également converti en hypothèque privilégiée, par Justinien, dans sa fameuse Constitution (1) dite *assiduis.*

Les hypothèques privilégiées conventionnelles étaient aussi très nombreuses. Celui qui a donné son argent, pour la construction d'une maison, ou pour sa conservation et son amélioration, pour l'équipement d'un navire ou l'acquisition d'une *militia*, jouit d'un privilége attaché à l'hypothèque qu'il a stipulée sur la chose (2). La convention, du reste, a dû intervenir au moment du prêt, et l'emploi des deniers doit être prouvé. Est pareillement privilégiée, l'hypothèque réservée à celui qui a fait l'avance à l'acheteur du prix d'un bien (3).

De même, un privilége est accordé à l'*argentarius* pour une avance d'argent, avec constitution d'hypothèques par écrit. Les créanciers à hypothèque privilégiée priment les créanciers hypothécaires simples, mêmes antérieurs, car on ne s'attache plus à la règle; *prior tempore, potior jure.* Toutefois cet effet ne se produirait que jusqu'à concurrence de la valeur de la chose, si le bénéfice n'était accordé au créancier que d'une manière spéciale. Pourrait-on

(1) C. 12, Cod. 7, qui potiores, VIII, 18.
(2) L. 5, 6, § 1. D. Qui potiores XX. 4.
(3) C. 7, C. VIII, 18.

faire valoir ces priviléges contre des droits de gage ou
d'hypothèque, concédés par un propriétaire antérieur ? La
question a paru délicate, puisque Mackeldey nous apprend
qu'elle est vivement disputée. Cet auteur n'hésite pas à
déclarer, que les droits de gage ou d'hypothèque qui
grevaient la chose à son entrée dans le patrimoine du débiteur, doivent être sauvegardés, et c'est là aussi notre opinion. Le privilége n'a pu affecter la chose que telle qu'elle
se comportait entre les mains du nouveau propriétaire,
c'est-à-dire grevée des droits de gage ou d'hypothèques
antérieurs (1).

Entre les créanciers privilégiés, y a-t-il un ordre à établir ? Si nous consultons les textes, le fisc doit avoir le
premier rang (2) pour les impôts publics et les rations militaires ; les intérêts privés doivent fléchir devant l'intérêt
général.

Le second rang est attribué à la femme pour la répétition
de sa dot (3). S'il y a deux femmes en concours, la première ou ses enfants priment la seconde. Il faut remarquer
que le privilége attaché par Justinien à l'hypothèque, est
tout à fait personnel, et ne passe pas aux héritiers de la
femme. Il en serait différemment, si ces héritiers se trou-
vraient être ses propres enfants en concours avec leur ma-
râtre.

En troisième ligne, viennent les créanciers ayant stipulé hypothèque, qui peuvent prouver que leur deniers ont
été employés à l'utilité de la chose hypothéquée à un autre.
Entre eux, la priorité est acquise au premier, à moins que
le créancier postérieur n'ait empêché la ruine de la chose
déjà hypothéquée à d'autres ; dans ce cas il obtient la pré-

---

(1) Dans notre Droit la solution est la même. Ainsi le privilége du vendeur est primé par les hypothèques établies, soit par le vendeur lui-même,
soit par des précédents propriétaires de l'immeuble. Valette, Traité des priviléges et des hypoth. I, p. 11.

(2) C. 1 C. propter. 6, publ. pens. IV. 46.

(3) C. 12, § 1. C. Qui potiores, VIII, 18.

férence (1). La même règle est suivie en droit français dans le conflit de plusiers créanciers conservateurs du même objet.

IIe classe. — Cette classe comprend les créanciers hypothécaires simples. La date du gage ou de l'hypothèque détermine le rang de chacun suivant son ancienneté, et a ce point de vue, il n'est pas besoin de distinguer entre les hypothèques légales, conventionnelles ou testamentaires. Si les hypothèques ont la même date, les créanciers viennent au marc le franc (2). En droit romain, il importait encore bien plus que dans notre droit d'avoir le premier rang ; seul, le premier créancier hypothécaire avait la faculté de faire vendre la chose. Cette prérogative était des plus importantes, en ce sens que le premier créancier ne se voyait jamais la main forcée, comme il arrive trop souvent chez nous, où un créancier chirographaire a même le droit de faire saisir et vendre les biens de son débiteur. Le droit de vendre appartient au second créancier, en vertu d'une subrogation légale et forcée, s'il a désintéressé celui qui lui était préférable ; toutefois, le *jus offerendi* n'appartiendrait jamais, ni à un tiers, ni à un créancier chirographaire.

IIIme classe. — Il faut ranger, dans cette classe, tous les créanciers munis d'un *privilegium exigendi*, privilége qui leur permet d'être colloqué au premier rang parmi les créanciers chirographaires. Ce privilége est tantôt attaché à la qualité de la personne, tantôt à la nature de la créance. Comme *privilegium personæ*, on rencontre celui du fisc, des cités, de la femme mariée et du pupille. Le *privilegium causæ* se présente pour les créances, qui ont leur cause dans des frais funéraires, ou dans un dépôt d'argent chez un *argentarius*, et dans plusieurs autres circons-

---

(1) L. 9, § 6. D. Qui potiores **XX, 4.**
(2) L. 20, § 1. D. De pigneratitia act. **XIII, 7.**

tances, que nous aurons à examiner dans le cours de notre travail.

IVme *classe.* — Au dernier rang viennent les créanciers simplement chirographaires, payés au prorata sur le reste de la masse. Ils sont toutefois préférés aux légataires, en vertu de cet adage bien connu : il n'y a de biens que déduction faite des dettes. Ce n'est aussi qu'après le paiement intégral de tous les créanciers, que le fisc est admis au paiement des amendes encourues pour délits commis par le débiteur : *In summa sciendum est omnium fiscalium pœnarum petitionem creditoribus post poni* (1).

SECTION IV.

Des créanciers de la masse.

Les créanciers de la masse *(stricto sensu)*, sont ceux dont le droit dérive d'une charge ou d'une dette qui affecte la masse dans son ensemble. Ce sont donc moins des créanciers de l'insolvable, que les *creditores creditorum*. Ainsi est créancier de la masse le fisc pour les intérêts échus pendant le concours, le *dominus emphyteuseos* ou *superficiei*, si le *solarium* est échu pendant le même temps. On peut encore citer le cas où le *corpus creditorum* a contracté un emprunt pour la distribution de la masse.

La position de ces créanciers est telle, qu'ils doivent passer même avant les créanciers concourants les plus favorisés, et ces créances diminuent d'autant la masse sur laquelle viendra s'exercer le concours. Il faut ranger dans la même catégorie les créances pour frais de concours. Là dessus M. de Wangerow fait remarquer, que cette décision conduit à des résultats injustes et par trop rigoureux. En

(1) L. 17. D. De jure fisci, XLIX, 14. Voyez encore L. 11, h. t. L. 37, Cod. tit.

définitive, ce seront les créanciers en dernier rang qui en souffriront, puisque le montant des frais est prélevé avant tout concours.

N'est-ce point là une injustice, et ne vaudrait-il pas mieux opérer une retenue proportionnelle sur chaque créance? Il ne le paraît pas; le crédit du débiteur en serait trop gravement affecté; car les créanciers après avoir employé toutes les garanties possibles de sécurité, ne seraient jamais sûrs d'être payés intégralement au concours (1). Entre deux inconvénients, il faut choisir le moindre; et c'est là ce qu'a fait la loi romaine.

(1) Dans notre droit actuel une idée analogue a fait accorder aux frais de justice le premier rang dans l'ordre des priviléges. Ces frais doivent d'ailleurs avoir eu pour but la conservation, la liquidation, la transformation et la répartition du gage commun.

DEUXIÈME PARTIE

Du privilegium exigendi en particulier (1).

CHAPITRE PREMIER.

Différents cas de privilegium.

Les priviléges *inter personales actiones* peuvent être définis : le droit d'être préférés, sur le prix des biens du débiteur, aux simples créanciers chirographaires. Ils se rattachent à deux causes différentes qu'il faut distinguer soigneusement, au point de vue de la transmission du droit privilégié. Le privilége est basé, soit sur la faveur qu'inspire la personne, soit sur la qualité de la créance. *Privilegia quædam causæ sunt, quædam personæ,* dit le texte romain (2), et immédiatement Modestin donne la raison de la différence, *et ideo quædam ad hæredem transmittuntur, quæ causæ sunt ; quæ personæ sunt, ad hæredem non transeunt.* Le jurisconsulte Paul généralise la même idée : *In omnibus causis, id observatur ut, ubi personæ conditio locum facit beneficio, ibi deficiente ea, beneficium quoque deficiat* (3). Cette distinction est encore applicable aux exceptions ; il y a les exceptions *personæ,* et celles *rei cohærentes.* Les premières ne sont susceptibles d'être opposées, ni par les héritiers, ni par les fidejusseurs (4).

---

(1) Blondeau. Chrestomathie L. 2, § 2. Appendice à l'art. 6. Priviléges qui ne sont point accompagnés d'un droit de suite. Mulhembrück. Doctrina Pandectarum §§ 81 et 72.

(2) L. 196. D. De regulis juris.

(3) 68. D. De regulis juris : L. 13. D. Soluto matrimonio XXIV, 2.

(4) L. 7. D. De Except. LXIV. 1. L. 28: in fine. D. De legatis. 2° XXXI, 2.

Parmi les priviléges, il en est donc qui meurent avec l'individu, et ne sont ni cessibles, ni transmissibles ; il en est d'autres au contraire transmissibles, soit entre-vifs, soit à cause de mort.

SECTION Ire.

Privilegia personæ.

Nous allons examiner successivement les différentes personnes jugées par la loi assez favorables, pour être privilégiées ; il n'est pas besoin d'ajouter que notre énumération sera limitative.

§ 1.

LE FISC.

Paul, dans ses sentences, reconnaît d'une manière formelle le privilége du fisc. Ulpien n'est pas moins affirmatif (1).

Avant d'entrer dans l'examen de ce privilége, il faut avoir quelques notions sur le fisc lui-même. Dans le principe, on distinguait l'*ærarium* et le *fiscus;* le premier était le trésor du peuple romain, le second le trésor particulier du prince. Mais, dans la suite, ces biens furent confondus et le fisc comprit alors, tout ce qui appartenait à l'empereur, pour subvenir aux dépenses de l'Etat. En outre, l'empereur avait des biens comme simple particulier.

Du temps de Gaïus et d'Ulpien, il est à croire que la distinction entre le trésor de l'Etat et celui du prince existait encore ; elle subsista jusqu'à la confusion entre les provinces du sénat et celles du prince. Ce dernier pouvait à cette époque, en vertu de la plénitude de ses pouvoirs,

_____

(1) S. P. Liv. V T. XII, § 10 L. 10. D. De pactis. L. 46, § 3. De jure fisci.

puiser à son gré dans l'un et dans l'autre. La division fut
toujours maintenue, mais seulement dans l'ordre administratif ; il y eut la caisse, qui recevait les impôts publics, et
la caisse alimentée par le produit des biens du domaine de la
couronne et du patrimoine privé. Le mot *fiscus* s'appliqua
souvent à toutes les deux. Le fisc jouissait à tous égards
d'une position privilégiée, et les faveurs qui lui furent
accordées étaient d'autant plus grandes, que son patrimoine
devait être fort considérable, si l'on en juge par les nombreuses sources, qui augmentaient les *res fiscales* (1).

Il faut d'abord citer la confiscation, peine injuste entre
toutes, mais pratiquée à Rome sur la plus vaste échelle en
matière politique, et qui n'a pas été sans influence sur sa
destinée. Tout individu condamné à une peine capitale, ou
proscrit encourait la peine de la confiscation (2). Ce qui
est plus fort, c'est qu'on confisquait également les biens de
ceux, qui se donnaient la mort pour échapper aux pour-
suites. Du reste, la simple résolution d'un attentat suffisait pour rendre coupable du crime de lèse-majesté.

Un grand nombre d'héritages arrivaient également au
fisc, en vertu des lois caducaires. On sait qu'Auguste, pour
arrêter la dépopulation croissante de l'Empire romain,
imagina de frapper de certaines incapacités les céliba-
taires, et les gens mariés sans enfants. Dorénavant, la
testamenti factio ne suffit plus pour recueillir les suc-
cessions et les legs, il fallut encore le *jus capiendi*.
Certaines personnes étaient exceptées des rigueurs de
la loi, soit à cause de leur âge, soit à cause de la parenté. Il nous est impossible d'entrer dans le détail du
système organisé par les lois caducaires ; il faut seulement
savoir, que le *cœlebs* était frappé d'une incapacité radicale
et que l'*orbus* était réduit à la moitié, de ce qui lui avait

(1) La loi 1. D. De juri fisci, en contient l'énumération.
(2) L. 1; D. De bonis damnatorum XLVIII, 20. L. 3, § 3. L. 6 et
L. 8. h. t.

été laissé. Parmi les prérogatives créées en même temps que les déchéances, se trouve le *jus caduca vindicandi* conféré aux *patres*. Dans le principe, le trésor public ne s'enrichissait point directement des dispositions des lois caducaires, puisque, dans la dévolution des parts caduques, il était primé d'abord par l'héritier *pater*, puis par le légataire *pater*. Il s'agit de savoir si la Constitution de Caracalla, mentionnée dans Ulpien, ne vint pas modifier cet état de choses (1).

D'après Cujas, dans ses notes sur les règles d'Ulpien, les priviléges de la paternité n'auraient jamais existé; Caracalla aurait seulement assujetti le fisc aux *onera* attachés à la succession (2).

Cette interprétation n'est pas admissible, car elle ne tient compte, ni des priviléges de la paternité, ni des dispositions de la loi *Papia*.

D'autres ont voulu voir dans la Constitution, la substitution du *fiscus* à l'*œrarium*. Enfin quelques-uns y ont vu la suppression, au profit du fisc, des priviléges des *patres*. Aux premiers, on répond que la distinction des deux trésors avait perdu toute importance; aux seconds, que de nombreux textes de Paul et d'Ulpien attestent l'existence de la *caducorum vindicatio*, et que, d'ailleurs, Justinien en abrogeant les lois caducaires, mentionne encore le fisc, comme étant au dernier rang. Quoiqu'il en soit, et sans entrer dans la discussion, bornons-nous à constater les droits du fisc sur les parts caduques.

Le fisc profitait encore de l'indignité de l'héritier, ou de l'absence de tout successeur légitime ou testamentaire. Toutefois certaines corporations primaient le trésor, s'il s'agissait de la succession d'un de membres de la société. Ainsi la légion héritait des biens du soldat; il en était de même pour la curie, l'église et le monastère.

(1) Ulpien Reg. T. XVII § 2.
(2) Voyez M. Macholard. De l'accroissement.

La confiscation, la caducité et la vacance, telles étaient donc les trois principales sources, qui alimentaient lo *fiscus*. Le patrimoine du fisc était aliénable, mais imprescriptible. Les ventes avaient lieu aux enchères et *sub hasta;* le fisc jouissait du singulier privilége de rendre l'acquéreur propriétaire, alors même qu'il aurait par erreur vendu la chose d'autrui. Il y avait là, le principe d'une véritable expropriation, jugée nécessaire pour assurer toute sécurité aux acquéreurs; le propriétaire en était réduit à une action en indemnité, prescriptible par quatre ans.

A côté du fisc, se place le domaine privé de l'Empereur. Si l'on avait confondu le *fiscus* et l'*œrarium*, le domaine de l'État, et le trésor impérial, on ne confondit point le fisc et le domaine patrimonial de l'Empereur; ces biens sont désignés dans les textes sous les expressions *privatœ substantiœ, divina domus, sacrum patrimonium, Cœsaris ratio*. Il y a lieu de croire avec Cujas (1), que les choses fiscales passaient au successeur de l'empire, tandis que les autres étaient transmises à l'héritier. L'administration des deux patrimoines n'était pas confiée aux mêmes agents.

Le trésor public et le domaine privé jouissaient l'un et l'autre d'un *privilegium exigendi: quodcumque privilegiis fisco compelit, hoc idem et Cœsaris ratio et Augustœ habere solet* (2). Ce privilége est général, et porte sur la totalité du patrimoine, mais il ne confère qu'un droit non susceptible d'être opposé aux concessionnaires de droits réels (3).

Ceci peut nous faire comprendre, combien dans certains cas la position du fisc était désavantageuse; aussi ce privi-

(1) Contra. Laboulaye. Histoire de la propriété, p. 110. Cujas Paratitl. Cod. De offic. com. rer. priv.

(2) L. 6, § I. De jure fisci.

(3) L. 9. C. Qui potiores in pign. VIII, 18.

lége fut-il bientôt remplacé par un droit plus fort. L'hypothèque ne fut pas, dès le principe, générale, puisqu'Ulpien nous apprend, que dans les cas, où le fisc ne l'a point, il conserve son privilége (1) ; d'un autre côté, Scévola mentionne l'usage, où était encore le trésor public de stipuler une hypothèque de ses débiteurs, à suite de prêt d'argent. L'hypothèque ne tarda pas néanmoins à être généralisée, et à protéger les créances, dérivant de toute espéce de contrat (2).

Cette hypothèque fut-elle étendue aux créances pénales du fisc? Ce n'est pas à croire ; car le fisc ne jouissait pas à leur égard d'un *privilegium*. A ce sujet, on s'est demandé si le fisc, pour le recouvrement des amendes, passait après tous les créanciers chirographaires, ou bien s'il ne devait pas être colloqué au marc le franc après les priviléglés. Les partisans de la première opinion s'appuient sur une proposition de Modestin ainsi conçue : *In summa sciendum est omnium fiscallum pœnarum pelitionem creditoribus postponi*, et sur une autre de l'empereur Alexandre (3). Il semble résulter de ces textes, que le fisc ne doit passer qu'après les créanciers chirographaires.

Cette interprétation est susceptible d'être combattue, par un texte fort remarquable de Papinien. Ce jurisconsulte, en partant du principe posé plus haut, en déduit de tout autres conséquences : *quod placuit fisco non esse pœnam petendam nisi creditores suum recuperaverint, eo pertinet, ut privilegium in pœnâ contra creditores non exerceat, non ut jus commune privatorum fiscus amittat* (4). Ainsi le fisc n'a aucun privilége ; mais il aura tous les bénéfices du droit commun. Ce texte est des plus concluants ; seul il interprète la pensée de Modestin ;

(1) L. 10. D. De pactis. L. 21. D. Qui potiores in pign. XX, 4.
(2) L. 46, § 3. D. De jure fisci. C. 2. C. In quibus causis VIII, 15.
(3) L. 17. D. De jure fisci. C. uni C. De pœnis fiscalibus. L. 11. D. De jure fisci.
(4) L. 37. D. De jure fisci.

il ne faut pas oublier d'ailleurs, que les fragments de Papinien avaient force de loi, et à ce titre on est obligé d'admettre en Droit romain cette interprétation. M. de Wangerow l'a aussi adoptée, quoiqu'elle soit contraire à l'opinion commune.

En définitive, quelle était la position du fisc? On peut répondre, qu'en principe, il jouissait d'une hypothèque légale lui permettant de venir à son rang, suivant la règle *prior tempore*, *potior jure*. Par conséquent, il pouvait être primé par des créanciers hypothécaires antérieurs. Mais ce résultat ne se produisait pas dans toutes les causes. C'est ainsi que, pour le recouvrement des amendes, le fisc suivait le sort commun des créanciers chirographaires. D'autres fois, l'hypothèque était privilégiée, par exemple, s'il s'agissait d'impôts arriérés ou de reliquat de compte du *primipilus* (1). Bien plus, dans ces deux hypothèses, le trésor public est préféré à la femme.

Faut-il reconnaître au fisc une hypothèque privilégiée, dans le cas où il poursuit *ex contractu?* La question a été débattue; et on a soutenu tout au moins, que le fisc avait une hypothèque privilégiée sur les biens acquis par le débiteur depuis son engagement. Malgré la grande autorité qui s'attache au nom de Cujas (2), on est à peu près d'accord, pour reconnaître, que le fisc n'avait point de préférence sur les biens à venir, à l'encontre des créanciers hypothécaires d'une date antérieure : si un texte d'Ulpien à paru contraire (3) à cette donnée, c'est que l'on a supposé, que l'obligation contractée envers le fisc était postérieure à celle par laquelle le débiteur avait hypothéqué à d'autres créanciers ses biens présents et à venir : cette supposition n'est selon nous qu'une erreur; l'expression *contraxerit* se réfère à un temps passé

---

(1) L. 1. C. L. 4 T. XLVI. L. 2. C. De privilegio fisci.
(2) Cujas recit. Solem. in L. 28. D. De jure fisci.
(3) L. 28. D. De jure fisci.

et non futur, et si le trésor a la préférence, c'est qu'il était premier créancier D'ailleurs, si l'on conservait des doutes, ils s'évanouiraient, devant le texte où Papinien fit admettre une décision analogue (1). Dans cette Constitution, l'empereur Antonin Caracalla s'adresse par un rescrit à une femme, nommée Valeriana. Si le fisc l'emporte, c'est en raison de l'antériorité de l'obligation. Un fragment de Scévola (2) pose les mêmes principes. Le jurisconsulte se demande pourquoi Seia, pour laquelle on lui avait demandé une consultation, ne serait pas préférée au fisc, puisque sa créance hypothécaire est antérieure. Scévola applique la règle bien connue en matière d'hypothèques ; le fisc ne jouissait donc d'aucun privilége, car il tombait sous l'application de la règle commune. Cujas, dans ses commentaires, essaie vainement d'ébranler cette solution en prétendant, que si Seia est préférée, c'est que le fonds dont il s'agit, a été acheté avant l'engagement contractée par Titius envers le fisc. Le reste n'est plus en désacord avec son système, puisque le fisc n'aurait d'hypothèque privilégiée, que sur les biens acquis postérieurement. On peut répondre à Cujas que la supposition, qu'il croit devoir faire, est purement gratuite, et qu'elle n'est point du tout en harmonie avec les textes. Que demandait-on en effet à Scévola ? Si Seia devait être préférée au fisc, sur les biens que Titius avait lors de la première obligation, et sur ceux qu'il avait acquis depuis. *Quæsitum est, an Seia præferenda sit fisco et in illis rebus, quas Titius tempore prioris obligationis habuit; item in his rebus, quas post priorem obligationem adquisiit.*

En face du texte, la proposition de Cujas ne saurait subsister, d'autant plus que le point d'appui, qu'elle trouvait dans le fragment d'Ulpien, fait complètement défaut, d'après l'interprétation rationnelle et gramaticale du mot

(1) C. 2. C. De privilegio fisci.
(2) L. 21. D. Qui potiores in pignore.

contraxerit. Aussi faut-il s'étonner, si ce système a été repris dernièrement par un de nos auteurs les plus accrédités (1). J'ai hâte d'ajouter, qu'il a été combattu non moins énergiquement, par des hommes du plus grand mérite (2).

§ 2.

LES CITÉS.

Des raisons de crédit public avaient fait accorder au fisc, un *privilegium exigendi,* puis une hypothèque privilégiée; il en fut de même pour la concession de pareilles faveurs à certaines cités et colonies. D'ailleurs ce ne fut pas là une mesure générale, il fallait une déclaration expresse du prince, insérée dans la *lex municipalis* de la cité. *Simile privilegium,* nous dit Marcien, *fisco nulla civitas habet in bonis debitoris, nisi nominatim id a principe datum sit* (3).

La cité formait une personne morale *(universitas),* susceptible d'acquérir et de posséder; chacune avait sa loi, son décret organique de régime municipal, sorte de charte de concession, dans laquelle étaient inscrits les avantages conférés par l'empereur, tant au point de vue du droit public que du droit privé. Tout recemment encore, on a découvert les tables de Salpenza et de Malaga, qui contiennent de curieux détails sur l'organisation municipale de ces deux villes, et ont permis, en partie, la généralisation du régime municipal sous l'empire romain (4). Les cités jouis-

(1) Voyez M. de Fresquet T. II, p. 119. Traité élementaire de Droit romain.

(2) Voyez entre autres M. de Serrigny T. II, § 633. Droit public et administratif.

(3) L. 10. D. Ad municipalem 50, 1.

(4) La science épigraphique a trouvé, dans l'interprétation des inscriptions, le mot de bien des énigmes. Voyez sur ce point les remarquables travaux de M. Labatut, docteur en droit, secrétaire de la Société française de numismatique et d'archéologie : De la Préture et de l'Edilité romaine.

saient de nombreux priviléges analogues à ceux de l'Etat.
C'est ainsi, qu'il faut citer le privilége d'être assimilées au
pupille. *Rempublicam ut pupillam extraordinem juvari
moris est* (1). En conséquence, la *civitas* pouvait obtenir
le bénéfice de la restitution en entier, ou encore la rescision du jugement, dans lequel elle n'avait pas été défendue
d'une manière régulière. Les biens des cités étaient comme
ceux du fisc, exploités au moyen du bail emphytéotique,
aussi les appelait-on *agri vectigales* (2). Néanmoins, les
cités ne jouissaient pas à beaucoup près de toutes les faveurs
concédées au fisc. Elles n'avaient ni hypothèque légale
simple, ni hypothèque privilégiée, à moins de dispositions
contraires dans le statut local. Ainsi Papinien nous cite la
ville d'Antioche comme ayant obtenu un *jus pignoris*.

On a soutenu que les cités avaient reçu d'une manière
générale la concession du *privilegium inter personales
actiones*. On a ajouté, à l'appui de cette opinion, que s'il
est vrai que le texte de Marcien cité plus haut, semble exiger
une disposition particulière de la loi, il y a un texte de Paul,
qui le contredit formellement dans sa généralité (3) *Respublica creditrix omnibus chirographariis creditoribus
præfertur*. Cujas, en voyant dans le mot *respublica*, la
désignation de la commune et du municipe, en a déduit
l'existence du privilége d'une manière absolue (4). Comment résoudre l'antinomie supposée?

Il me semble, que rien n'empêche de voir dans le terme
respublica l'Etat et non la cité. Il est certain, que le mot
respublica était usité dans les deux sens, et il est plus
que probable, que Paul l'aura employé dans sa seconde
acception, si l'on remarque que le texte de Marcien est

(1) C. 3. De jure reipublica. C. 4. C. Quibus ex causis majores.
(2) La redevance annuelle consistait soit en argent, soit en fruits et
s'appelait *vectigal*. L'institution de l'*ager vectigalis* donna naissance à l'*ager
emphyteuticarius*. Sous Justinien ces deux mots sont synonymes.
(3) L. 58, § 1. D. De rebus auctoritate judicis XLII, 8.
(4) Cujas. Observ. II, 24.

postérieur. Nous répondrons à Cujas que, s'il est vrai, que *respublica quam libet civitatem significat*, cela n'est pas toujours vrai. N'y a-t-il pas dans le Digeste assez d'anti-nomies, pour ne point en créer de factices ?

§ 3.

LA FEMME MARIÉE.

L'introduction du divorce dans les mœurs romaines, vers les derniers temps de la république, amena la substitution du mariage libre au mariage avec *manus*. Dès lors au-cune société n'existe entre les époux ; la femme apporte une dot, pour subvenir aux charges du ménage, mais cette dot lui sera restituée, soit au décès du mari, soit au divorce, afin qu'elle puisse renouer une seconde union des-tinée à augmenter la population, qui diminuait d'une ma-nière effrayante, sous l'influence des mœurs dissolues de l'époque (1). Il ne faut pas s'y tromper, toutes les garanties qui ont été accordées à la femme, pour la restitution de sa dot, n'avaient alors d'autre but, que de la pousser à con-tracter un second mariage. La loi *Julia de fundo dotali* n'a pas eu d'autres motifs. Le *privilegium exigendi* con-cédé à la femme a aussi la même origine. *Reipublicæ in-terest mulieres dotes salvas habere, propter quas nu-bere possint.* Telle est l'idée dominante des empereurs ; et c'est là qu'il faut chercher l'inspiration des lois Caducaires, créant, à la fois, des peines contre les *cœlibes* et les *orbi*, et des récompenses en faveur des *patres*.

L'action *rei uxoriæ* était donnée à la femme, pour

---

(1) Juvenal, Martial, Varron, Macrobe et Senèque, dans leurs ouvrages, nous donnent une juste idée de la corruption, qui s'était emparée du peuple romain tout entier. Juvenal (Satire 6, v. 316), avoue même, que toutes les femmes nobles ou plébéiennes sont également dépravées. Dès lors, on com-prend que le célibataire était peu porté au mariage, s'il n'y avait une dot considérable. Juvenal S. 9, v. 83. S. 6, v. 592.

obtenir la restitution de sa dot. Les héritiers du mari, ou le mari lui-même en cas de divorce, doivent compte de la dot adventice, aussi bien que de la dot profectice. Si la femme est en puissance, c'est le père qui intente l'action *rei uxoriœ*, mais il ne peut agir qu'*adjuncta filiœ persona*. D'ailleurs la dot de la fille est encore plus sacrée, que le pécule du fils, et le père ne peut jamais la retirer une fois qu'elle a été constituée.

L'action *rei uxoriœ* nous apparaît, revêtue d'un *privilegium inter personales actiones*, la femme primera donc tous les créanciers chirographaires du mari, mais ce privilége est essentiellement personnel ; il ne passe point aux héritiers de la femme, à moins que ce ne soit ses propres enfants. Si la femme vient à prédécéder, la dot aventice n'est pas restituée ; il en est différemment de la dot profectice, qui retourne au père constituant. Ce droit de retour est comme une consolation accordée au père, qui a eu le malheur de survivre à sa fille.

Le *privilegium exigendi* n'est pas uniquement attaché à l'action *rei uxoriœ*, il peut également accompagner, soit une *condictio*, soit une action intentée *de peculio*. Nous avons à examiner différentes hypothèses, où la femme engagée dans les liens d'un mariage putatif, et la fiancée jouiraient d'un pareil privilége.

Ire *hypothèse.* — Si une femme s'est trompée sur la condition de son mari et a pensé qu'il était libre, tandis qu'il était esclave, il faut accorder à cette femme, une sorte de privilége *(quasi privilegium)* sur les biens de son mari, en ce sens, que s'il existe d'autres créanciers, elle soit préférée, quand elle intentera l'action relative au pécule, et que, si l'esclave doit quelque chose à son maître, la femme ne soit pas préférée, si ce n'est sur les choses qui ont été, ou données en dot, ou achetées avec la dot (1).

Dans l'hypothèse prévue par Ulpien, il est certain, qu'il

(1) Telle est la traduction de la loi 22, § 13. D. Soluto matrimonio.

n'y a pas eu mariage; l'esclave est en effet incapable de contracter de justes noces; pour lui, il n'y a que le *contubernium*, sorte d'union naturelle, qui ne crée même pas de parenté civile. La femme n'a point l'action *rei uxoriæ* pour réclamer les biens qu'elle a cru apporter en dot à son prétendu mari; elle ne peut intenter, qu'une *condictio causa data, causa non secuta,* fondée sur l'équité, et motivée par l'absence de cause finale, dans le transfert de la propriété.

On sait que dans la rigueur des principes, la *causa civilis* était seule requise pour le transfert; on ne pouvait donc pas considérer la tradition comme non avenue; mais le Préteur imagina une action, pour autoriser la réclamation de l'objet que l'on n'avait livré que par erreur. A cette *condictio*, créée à l'imitation de la *condictio indebiti* fut attaché un *quasi privilegium*, il n'y a rien là d'étonnant; la position de la femme est aussi intéressante, qu'après la dissolution d'un premier mariage, puis qu'elle est censée ne réclamer la dot que pour contracter une autre union. C'est ainsi qu'Ulpien, après avoir dit qu'il n'y a de dot, que quand il y a mariage, ajoute, que la femme redemandant la chose, qui était destinée à lui servir de dot, et qui n'a pas rempli cette destination, parce que le mariage a manqué ou a été nul, jouit du même privilége que quand elle réclame la dot proprement dite (1).

En nous replaçant dans l'hypothèse d'un mariage putatif, il faut voir contre qui la femme aura à exercer son privilége. Evidemment elle agira contre le maître *de peculio*. A ce titre, elle peut se trouver en concours avec d'autres créanciers agissant aussi *de peculio*. Avec son privilége, la femme aura la préférence dans le conflit; mais devrait-elle encore l'emporter sur le maître qui se présente au concours, en qualité de créancier du pécule ? Ce qui rend la solution délicate, c'est que le maître agissant *de*

(1) L. 5. D. De jure dotium. XXIII, 3.

peculio, l'emporte sur les créanciers (1). Voici donc la
femme et le maître également privilégiés sur le pécule.
Comment résoudre la difficulté? En distinguant les valeurs
du pécule : le maître aura la préférence sur ce que possédait l'esclave avant son mariage, et la femme sur ce qu'il a
acquis depuis, au moyen des deniers dotaux, *quia res quæ
ex dotali pecunia comparatæ sunt, dotales esse videntur*. Il serait contraire à l'équité, comme le dit M. Pellat (2), que le maître se payât de préférence à la femme,
sur des valeurs qui proviennent de la dot ; et qu'importe à
cet égard, qu'elles en proviennent immédiatement ou mé-
diatement, lorsque cette origine est d'ailleurs certaine.
Cette substitution de la chose achetée à la chose reçue en
dot pour l'extension du privilége dans le cas d'un mariage
putatif, ne devrait-elle pas avoir lieu à propos d'un
mariage valable? Supposons, par exemple, une femme
ayant épousé un fils de famille, qui vient, à prédécéder.
L'action *rei uxoriæ* est intentée contre le beau-père *de
peculio*. L'épouse obtiendra-t-elle la préférence sur les
choses dotales ou achetées de l'argent dotal? Sans aucun
doute, et par un a fortiori de la décision précédente. Pourquoi l'action *rei uxoriæ* serait-elle moins favorisée,
que la *condictio*, quand les deux actions sont intentées
de peculio?

Il faut appuyer un peu sur cette subrogation réelle,
dont le principe est contenu dans un fragment de Gaïus
inséré au Digeste, 1. 54. *De jure dotium*. On a cherché
longtemps la raison de l'assimilation, au moins à l'époque
classique, faute d'avoir rapproché ce fragment des exem-
ples cités plus haut.

On a d'abord eu le tort de voir, dans le fragment de
Gaïus, l'énonciation d'une règle générale, il peut fort bien

(1) L. 9, §§ 2 et 4. D. De Peculio. XV, 1.
(2) Textes sur la dot, L. 54. D. De jure dotium. M. Pellat, p. 248,
rapporte trois explications empruntées aux citations faites par Glück.

se faire que la décision se rapporte à une espèce particulière. Il faut remarquer ensuite, que Gaïus ne dit point que ces choses sont dotales, mais seulement qu'elles sont traitées comme telles. Il n'a donc voulu parler, ni des choses que le mari a achetées en remplacement de l'objet dotal du consentement de la femme, car dans ce cas la chose achetée est véritablement dotale, ni des choses que le mari aurait achetées sans consentement puisqu'elles ne deviendraient point dotales.

Il est certain que le sens de la phrase de Gaïus a été altéré par le fait de son insertion au Digeste, et que Justinien avait en vue l'extension de la *reivindicatio utilis*, ou de l'hypothèque privilégiée, aux objets achetés avec les sommes dotales; mais il n'est pas moins certain, que Gaïus n'avait pas pu prévoir de pareilles hypothèses. Il n'est guère possible de voir, dans le fragment 54, la concession d'un droit général accordé à la femme, au cas d'insolvabilité du mari, et de faire remonter le privilège et la revendication à l'époque de Gaïus. Telle est pourtant l'opinion de Cujas et de Glück (1), également enseignée par Pothier. Si la femme n'avait qu'un simple *privilegium*, a-t-on dit, elle ne pourrait obtenir la préférence sur le maître; car aux termes de la loi romaine : *nullum privilegium proeponi patri vel domino potest, cum ex persona filii vel servi de peculio conveniuntur* (2). Ce texte n'est pas des plus concluants, en présence d'un fragment d'Ulpien, inséré au même titre (3). La femme se présente en qualité de créancière, et non seulement elle doit être payée *de peculio*, mais encore de la totalité au moyen d'une action *de dolo malo* intentée contre le père. Pourquoi donc la femme obtient-elle la préférence, même dans le cas où il n'y a pas mariage? C'est qu'il y aurait

(1) Cujas. Observ. v. 20. Glück. Pand. T. De rei vendic. § 883.

(2) L. 52, princ. D. De peculio XV, 1.

(3) L. 50. D. De peculio XX, 1.

—9

un dol encore bien plus caractérisé de la part du maître, à
refuser à la femme, la restitution des valeurs dotales. Il
faut donc laisser de côté, un système qui, sans s'appuyer sur
des textes précis, se trouve être en contradiction avec
toute l'histoire du Droit romain. Ne savons-nous pas, en
effet, que les réformes, que l'on prétend faire remonter à
Gaïus, sont dues aux innovations de Justinien? Et qu'aurait fait l'empereur, dans les constitutions de 530 et de
531, si la femme jouissait déjà de la *reivindicatio*.

En présence de ces considérations, la théorie de Cujas
ne peut point expliquer le texte de Gaïus. Aussi beaucoup
d'interprètes, ont-ils cherché ailleurs le mot de l'énigme. Il
est inutile, d'entrer dans le détail des explications plus ou
moins probables qui ont été proposées (1). Nous sommes
convaincu, que Gaïus n'avait en vue, qu'une hypothèse
particulière, et cette hypothèse, nous croyons l'avoir
trouvée, dans le texte de la loi 22, § 13. *De soluto matrimonio.*

Si on répond, qu'il n'y avait ni dot, ni mariage, il est
facile de supposer, une femme agissant *de peculio* et se
trouvant sur le pécule du fils, en concours avec son beau-
père. Comme alors on est obligé à la séparation des valeurs suivant leur origine, pour régler les droits respec-
tifs de chacun, l'équité commandait l'assimilation des choses achetées de l'argent dotal, avec les objets constitués
en dot, et considérés dans leur individualité.

II° *Hypothèse. — Fiançailles.* — Entre un mariage nul
et un mariage qui n'est pas encore fait, la différence n'est
pas grande. Aussi, trouvons-nous un texte d'Ulpien (2), qui
accorde à la fiancée un privilège, comme il en avait concédé à la femme, qui n'avait contracté que sous l'influence
d'une erreur. Hermogénien enseigne la même solution (3).

1) Pellat. Textes sur la dot, p. 245.
(2) L. 19, § 1. D. De rebus auct. jud. 42, 5.
(3) L. 74. D. De jure dotium 23, 3.

Si une fiancée donne une dot et ne se marie pas, ou qu'une femme âgée de moins de douze ans soit tenue comme épouse, on a décidé que la *condictio* accordée à cette femme jouira, à l'exemple de l'action de dot, et comme aussi favorable, d'un privilége qui la rendra préférable aux autres actions personnelles. Cette extension du privilége a sans doute été le fait des Jurisconsultes guidés par des motifs d'intérêt public. *Interest enim rei publicæ*, nous dit Paul, et *hanc solidum consequi, ut œtate permittente nubere possit* (1). Du reste, si le mariage n'est que le résultat des manœuvres dolosives du tuteur ou du père, le mari est autorisé à opposer l'exception *doli mali* pour retenir ce à quoi il aurait droit, s'il y eût eu justes noces.

En résumé, le *privilegium exigendi* nous apparaît, comme attaché à l'action *rei uxoriæ* dans le cas d'un mariage valable, à la *condictio* s'il n'y a pas eu mariage ou s'il est déclaré nul. La femme dans tous les cas prime les créanciers chirographaires du mari, et se trouve ainsi presque assurée de la restitution. Toutefois sa position devint encore meilleure; Justinien], surnommé à juste titre l'*uxorius imperator*, augmenta les garanties d'une façon tellement démesurée qu'il ruina pour jamais le crédit du mari, sans être pour cela très utile à la femme. L'hypothèque d'abord spéciale, devint générale, puis enfin privilégiée. Ce ne fut pas encore tout. A côté de la propriété civile du mari, on reconnut à la femme une sorte de propriété naturelle, engendrant à son profit une *vindicatio utilis* des choses dotales, ou achetées avec la valeur de la dot ; de sorte que dans le dernier état du droit, elle ne se présentait même plus au concours, elle agissait en qualité de séparatiste *ex jure domini*. Il y avait pourtant des cas, où elle ne pouvait agir qu'en qualité de créancière; ainsi pour la restitution des choses fongibles ou qui se consomment par le premier usage, ce qui comprend l'argent et les denrées. Elle n'avait

_____

(1) L. 17. D. De rebus auctoritate judicis XLII, 5.

non plus qu'un droit de créance, pour les meubles dotaux vendus ; la fiction de subrogation ne s'appliquait en effet qu'aux immeubles.

§ 4.

DES INDIVIDUS EN TUTELLE OU EN CURATELLE.

Dans cette classe, et avant tous les autres, il faut mentionner le pupille dont les droits sont protégés par un *privilegium exigendi*. A Rome l'administration d'une tutelle peut-être considérée sous deux différents aspects. Tantôt le tuteur agit seul, et tantôt il ne fait qu'apposer son *auctoritas*. Tous les actes d'administration rentrent sous la première catégorie ; à ce titre le tuteur procède seul aux actes conservatoires, au paiement des débiteurs du pupille, au placement des capitaux, à la vente des meubles qui dépérissent ; il peut également ester en justice. Le tuteur est personnellement responsable de sa gestion, et sa diligence est appréciée d'après les soins qu'il donne à ses propres affaires (1). Le tuteur agit par voie d'autorisation, quand il doit être procédé à des actes solennels organisés par la loi des XII tables, ou dérivant de cette loi. En se portant *auctor*, le tuteur prend l'initiative et la responsabilité juridique. *L'auctoritas* est donnée verbalement *in ipso negotio;* il doit y avoir concomitance entre l'acte et la déclaration. Tout acte se compose d'un élément matériel et d'un élément intellectuel, et ces deux éléments sont comme deux colonnes, qui ne peuvent soutenir l'édifice l'une sans l'autre.

L'auctoritas suppose le pupille intellectuellement apt à jouer un rôle juridique ; de plus, le tuteur ne doit pas avoir un intérêt contraire à celui du pupille. *L'auctoritas* est exigée, toutes les fois que le pupille contracte une

(1) L. I. D. De tutelæ et rationibus distrahendis.

obligation, ou aliène une chose de son patrimoine (1). Elle
ne l'est pas au contraire, quand il acquiert un droit de
créance ou un droit réel. Quelque soit le mode d'action, le
tuteur est toujours responsable.

En conséquence, à l'expiration de la tutelle, il est tenu
de rendre compte *(rattonem reddere)* de son administration. L'ex-pupille jouit d'une action *tutelœ directa*, à
laquelle est attaché le *privilegium*. Au moyen de cette
action, le tuteur sera tenu de rendre ses comptes, et sera
constitué reliquataire de l'excédant des recettes. En cas
d'insolvabilité, et s'il y avait concours, le pupille prime-
rait les créanciers chirographaires. A l'époque de Constantin, l'action de tutelle fut garantie par une hypothèque
tacite (2). Les mineurs, est-il dit dans la Constitution,
peuvent revendiquer les biens de leurs tuteurs ou curateurs, comme s'ils étaient obligés à titre de gage, s'ils
leur sont redevables par suite de leur administration.

Le *privilegium exigendi* d'abord uni à l'action *tutelœ
directa*, ne tarda pas à être étendu, par des raisons d'équité,
à tous les individus en tutelle ou en curatelle, incapables
de gérer par eux-mêmes leur patrimoine. Ulpien nous apprend (3), que si quelqu'un a fait fonction de tuteur sans
en avoir la qualité, la créance qu'on aura contre lui à
cette occasion, sera privilégiée, pourvu toutefois que celui
dont on a administré l'affaire, ne puisse gérer sa fortune.

On peut donc dire, en règle générale, que tout administrateur de la fortune d'autrui, volontaire ou forcé,
pourra voir exercer contre lui le *privilegium exigendi*,
sous la condition d'incapacité de celui, dont il a fait l'af-

---

(1) Comment. III, § 107. Galus. Inst. L. 1, T. XXI, princ., *placuit melio-
rem quidem suam conditionem licere pupillis facere etiam sine tutoris auctoritate, deteriorem vero non aliter quam tutore auctore.*

(2) C. 20. C. De administ. tutorum V, 37.

(3) L. 19, § 1. D. De rebus auctoritate XLII, 5.

faire (3). Ceci nous explique, pourquoi la loi n'a point accordé de privilége contre le curateur des biens d'un absent, d'un captif, ou contre l'administrateur d'une succession vacante.

Dans tous les cas, le *privilegium* est personnel à l'incapable; ses héritiers n'y peuvent prétendre. Il n'en est pas de même, à l'égard des héritiers du tuteur ou curateur, qui peuvent être actionnés dans la même mesure que leur auteur.

SECTION II.

Privilegia causæ.

La deuxième catégorie de privilége se rattache, non plus à la faveur due à la personne; mais à la qualité de la créance; c'est la notion qui sert de base dans notre droit à la création des priviléges, et il faut bien avouer, que c'est là l'idée la plus juste et la plus équitable, On n'avantage plus certaines personnes au détriment des autres; on se contente de donner la préférence, à certaines créances dont la cause a paru des plus favorables.

Aussi, faut-il voir un véritable progrès, dans la disparition de ces positions privilégiées, établies d'avance le plus souvent à l'encontre de l'équité. Si la femme mariée et le mineur ont une hypothèque légale, ils ne peuvent, après la cessation de leur qualité s'en prévaloir, qu'en se conformant aux formalités de l'inscription, qui doit être prise depuis la loi de 1855 dans l'année de la dissolution du mariage ou de l'expiration de la tutelle (1). Enfin, si le mineur

_____

(3) Voyez Blondeau. Chrestomathie, p. 449 n° 2. L. 22. D. De tutel. et rat. XXVII, 3. L. 44, § 1. L. 42. D. De admin. XXVI, 7; cbn. L. 17. C. De ad im tut. N. 37.

(1) Article 9 de la loi de 1855 sur la transcription hypothécaire.

est restitué, c'est qu'il y a eu lésion : *non tanquam minor, sed tanquam læsus restituitur* (1).

Le *privilegium causæ* est concédé en Droit romain. 1° lorsqu'il s'agit de frais funéraires ; 2° lorsqu'un dépôt irrégulier a été fait chez un banquier ; 3° enfin, toutes les fois qu'il est intervenu un prêt d'argent, pour la construction, la réparation ou la conservation d'une chose. Nous allons examiner successivement ces diverses hypothèses.

§ 1.

FRAIS FUNÉRAIRES.

Les créances pour frais funéraires sont privilégiées *inter personales actiones*. Il est facile d'expliquer la faveur de la loi. A Rome, plus que partout ailleurs, l'*existimatio* d'une personne se jugeait d'après la somptuosité des funérailles ; de plus chez un peuple, où on regardait comme un déshonneur, de laisser interrompre les *sacra familiæ,* il n'est pas étonnant, que l'on attachât une grande importance aux honneurs à rendre au défunt. Du reste, les lois de police en exigeant l'accomplissement des funérailles dans un certain délai, mettaient souvent l'administration dans l'obligation de procéder d'urgence à l'enlèvement du corps, à sa crémation ou à sa sépulture. Dès lors, il fallait que des frais commandés à la fois et par l'honneur et par la nécessité fussent privilégiés.

Que faut-il entendre par frais funéraires? *Funeris sumptus accipitur quidquid corporis causa veluti unguentorum, erogatum est ; et pretium loci, in quo defunctus humatus est ; et si qua vectigalia sunt, vel sarcophagi et vectura, et quidquid corporis causa antequam sepe-*

(1) Art. 1305 C. N. Certains auteurs prétendent néanmoins que les actes faits par le mineur seul sont rescindables pour cause d'incapacité et indépendamment de toutes lésion. 1124 C. N.

llatur, *consumptum est funeris impensam esse exis-*
timo (1). Ulpien généralise cette idée en disant : sont
frais funéraires, ceux qui sont faits pour l'enterrement, et
sans lesquels le défunt n'aurait pu être enseveli (2). Une
action, dite *funeraria* est donnée aux créanciers; elle est
de bonne foi; c'est-à-dire que le magistrat appréciera
l'étendue de l'obligation *œquius melius ex bonâ fide*, le
privilegium exigendi est attaché à cette action. S'il y a
eu des dépenses excessives; elles pourront être réduites, et
l'on aura à tenir compte de la dignité du défunt, des raisons des dépenses, du temps où elles ont eu lieu et de la
bonne foi de celui qui les a faites. Le *privilegium* n'existe
pas seulement, quand il s'agit des funérailles du débiteur
déconfit, mais encore, lorsqu'il y a lieu à solder les frais
d'enterrement d'une tierce personne, dans le cas où l'*actio
funeraria* est intentée contre l'insolvable (3).

§ 2.

Dépot irrégulier chez un argentarius.

Entre le *mutuum*, prêt de consommation et le dépôt
ordinaire, vient se placer une opération mixte que l'on a
qualifiée du nom de dépôt irrégulier (4). Dans ce contrat, le
dépositaire doit rendre seulement *tantumdem*, et *non
idem*, ce qui l'autorise à se servir des pièces de monnaie
déposées. Il paraît bien, comme dit M. Pellat (5), que son
obligation ressemble plus à celle de l'emprunteur dans le

(1) Macer. L. 37. D. De religiosis et sumptibus XI, 7.
(2) L. 14, § 3. h. t.
(3) Dans notre droit, l'opinion la plus accréditée restreint le privilége
aux funérailles du débiteur. Valette. Traité du priv. et hyp., T. I, p. 28,
29. Contra Duranton, T. XIX, n° 50.
(4) L. 24. D. Depositi XVI, 3. L. 26, § I. D. h. t. L. 25, § 1. h. t. L. 31.
D. Locati XIX, 2.
(5) Pellat. Textes expliqués des Pandectes.

mutuum, qu'à celle du dépositaire ordinaire. Néanmoins, l'action *depositi* sera seule donnée au déposant, et en cette qualité il pourra obtenir des intérêts, soit à partir de la demeure, soit à partir du moment du contrat, s'il y a eu un pacte adjoint *ex continenti*. L'opération ne constitue pas un *mutuum;* il y a dépôt anormal et irrégulier, si l'on veut, mais ce n'en est pas moins un dépôt. Si les parties n'ont pas voulu déposer les pièces de monnaie *(in specie)*, toujours ont-elles entendu remettre la somme, et ette remise est suffisante, d'après l'opinion des juris-consultes. Dans la pratique des affaires le dépôt irré-gulier était des plus fréquents; personne n'ignore, que les banques de dépôt comme les banques de circulation fonctionnaient à Rome sur la plus vaste échelle. Des individus, que l'on nomme dans les textes : *argenta-rii, mensularii* (1), étaient à la tête de ces établis-sements. Ils se tenaient d'ordinaire au forum, où ils servaient d'intermédiaires pour les ventes et les achats, jouant ainsi le rôle de commissionnaire, et tenant compte ouvert avec presque tous les citoyens. L'existence de ces courtiers remonte bien loin dans la vie sociale des romains; Plaute (2), dans ses comédies, nous peint leurs comptoirs entourés de courtisanes et de dissipateurs, et Térence en fait également mention. Ce fut parmi ces banquiers, que se conserva l'usage des *nomina transcriptitia*, sorte d'o-bligation littérale tombée depuis longtemps en désuétude.

Il arrivait fort souvent, que ces *argentarii* recevaient en dépôt des sommes d'argent, que les particuliers voulaient tenir à leur disposition, sans cependant avoir à courir la responsabilité des risques. Ces dépôts avaient lieu avec intérêts ou sans intérêts. Dans tous les cas il est permis de croire, que les banquiers retiraient de ces opérations, de

(1) V. Kraut, de argentariis et nummulariis, Gotting 1820.

(2) Plaute, Truculentus, act. I, scène V, vers 51. Terence, Phormio act. V, sc. VIII, vers 89.

nombreux avantages; les déposants n'étaient pas non plus sans garantie pour la restitution, ils auront tantôt la revendication et tantôt un *privilegium exigendi;* mais il faut remarquer que nous ne parlons ici que de ceux qui ont déposé *sans intérêts.* Celui qui a voulu spéculer en tirant profit de son argent, ne paraissait pas mériter au même degré la faveur de la loi, il suivait la condition commune des créanciers chirographaires. Il en était alors comme il en est aujourd'hui; moins les placements sûrs, plus ils sont lucratifs.

La réception des intérêts transforme le *depositum* en *creditum. Aliud est enim credere, aliud deponere,* nous dit Ulpien (1). Les privilégiés sont ceux qui ont déposé gratuitement leur argent chez le banquier; dans le concours ils primeront les créanciers chirographaires, mais quel sera leur rang en cas de conflit avec d'autres créanciers privilégiés? Nous touchons ici à une des questions les plus délicates de la matière; nous aurons à la résoudre dans le chapitre III.

§ 3.

PRÊT D'ARGENT POUR LA CONSTRUCTION, LA RÉPARATION OU LA CONSERVATION D'UNE CHOSE.

Creditor, qui ob restitutionem ædificiorum crediderit, in pecuniam quam crediderit privilegium exigendi habebit (2). On n'ignore pas toute la sollicitude des empereurs, pour l'ornementation des villes de l'empire, et particulièrement de Rome et de Constantinople (3). On

(1) L. 24, § 2. D. De rebus auctoritate XLII, 5.
(2) Ulpien. L. 26. D. De rebus creditis XII, 1.
(3) Voyez sur ce point une brochure très intéressante de M. Labatut, docteur en Droit. De l'administration des travaux publics à Rome. Papinien dans son Traité du devoir des Ediles, (magistrats chargés de l'administration municipale), nous apprend que l'Edile avait encore un droit d'inspection sur les édifices privés L. 1. D. De via publica XLIII, 10.

prétend que Néron fit incendier Rome, parce qu'il n'y trouvait pas cette magnificence et ce grandiose qu'il avait rêvé. Sans aller jusqu'à cette criminelle folie, ses successeurs continuèrent son œuvre de rénovation. Des règlements locaux défendaient de bâtir à une certaine hauteur (1), et interdisaient la vente des matériaux d'un édifice, que son propriétaire aurait voulu démolir, en condamnant le vendeur et l'acheteur à une amende égale au prix fixé (l. 48, D. XXXIX, 2).

La même pensée fit probablement accorder un privilége aux bailleurs de fonds, pour accélérer la construction des édifices en assurant aux prêteurs toute confiance. D'ailleurs, à un' autre point de vue le privilége était exigé par l'équité. Si le patrimoine du débiteur s'est augmenté, s'il y a une plus value considérable, qui doit en profiter? Celui qui en est la cause, c'est-à-dire, celui dont l'argent a servi à élever les constructions.

Un *privilegium exigendi* fut encore concédé, à celui qui a avancé les fonds nécessaires, pour la construction ou l'équipement d'un navire (2). Il ne faut pas oublier qu'à

(1) On a voulu trouver dans ces règlements l'explication du caractère singulier de la servitude *altius tollendi*. M. Ducaurroy, par exemple, suppose un statut local, limitant les maisons à une certaine hauteur. M. Humbert répond avec raison, que ces statuts locaux n'existaient qu'à Rome, et à Constantinople, et que dès,lors, ils ne peuvent expliquer une servitude, présentée comme générale à tout l'empire. Il vaut mieux croire qu'il s'agit d'une dérogation à la *vetus forma*, établie entre deux bâtiments, par une possession immémoriale. La *vetus forma* était une loi, une servitude, le droit commun de la propriété. L. 11. D. De servitut. præd. urbanor. § 2. Voici un texte de Paul. L. 2. D. De aqua et aquæ, XXXIX, 3, qui ne laisse aucun doute. *In summa tria sunt, perquæ inferior locus superioris servit : lex, natura loci, vetustas, quæ semper pro lege habetur.* Pour d'autres conciliations, voyez la paraphrase de Théophile, dont le système a été reproduit par de Wangerow, Demangeat (p. 504, T. I), et Puchta : Heineccius, et Ducaurroy (T. I p. 504); et enfin Pothier dans ses Pandectes, T. De servit. præd. urbanor. n° 11.

(2) Paul. L. 26. D. De rebus auct., XLII, 5. L. 34. D. eod. tit.

cette époque, les navires servaient à l'approvisionnement de la ville de Rome ; et lorsqu'on entend le peuple romain crier : *Panem et circences*, il n'est pas étonnant de voir, que les magistrats favorisent, tout ce qui peut contribuer à sa plus grande satisfaction.

C'est à cette même idée, qu'il faut rapporter l'obtention des droits de cité romaine, au Latin qui a construit un navire (1).

Plusieurs auteurs français ont cherché dans le droit romain, et ont cru avoir trouvé, dans un fragment de Marcien (l. 34, D. De rebus auct. jud. 42, 5), l'origine du privilége du vendeur, mais le privilége n'est accordé qu'au prêteur dont les deniers ont procuré le paiement du prix d'achat. Il s'agit d'avances faites au commerce (*ob navem venditam*), et privilégiées (2) en raison de l'intérêt public. D'ailleurs le vendeur n'avait pas besoin, comme dans notre droit, d'un privilége, puisque le consentement n'engendrait que des obligations, et que la tradition, dans la vente au comptant ne transferait la propriété, que sous la condition du paiement du prix.

L'opinion de Grenier (3), ne saurait donc être acceptée ; le privilége du vendeur a sa véritable origine dans nos traditions coutumières.

Un *privilegium exigendi* appartient à l'associé qui est devenu créancier à raison du rétablissement de l'édifice

---

(1) Voyez les nombreuses exceptions créés en faveur de la navigation. L. 1. D. De exercit. act. XIV, 1.

(2) Telle est l'interprétation des mots *ob venditam rem*, par Bartole L. procurator § 13. D. De trib. act. Et le président Favre. Code L. 8, T. 8. Def. 10 n°2, et conject. L. 8, ch. 11 et 12. Loyseau, dans son Traité des offices pense au contraire qu'il s'agit du vendeur. Offices, L. 3, ch. VIII, n°s 15, 16, 46 et 47, et qu'il n'y a là, que l'application d'une règle générale. Cette conjecture est des plus fausses en présence des principes admis en matière de vente. Tout ce qu'on pourrait dire, c'est que dans la loi 34 il y a une exception *propter navigandi necessitudinem.*

(3) Grenier. Traité des hypothèques, T. II, n° 385.

4

commun; il est mentionné dans un texte d'Ulpien qui nous rapporte l'opinion de Papinien (3). Un associé, voyant qu'une maison de la société tombait en ruine, et que ses associés refusaient de la rétablir pour leurs portions, la reconstruisit en entier. Il a dans les quatre mois, du jour où le bâtiment a été refait, une action pour se faire rendre ses dépenses avec les intérêts; et à l'égard de cette créance, il est privilégié sur les autres créanciers. Après ce temps, il devient propriétaire; mais il peut encore intenter l'action *pro socio*, pour se faire indemniser, s'il aime mieux rentrer dans ses avances.

Ici se termine la liste des *privilegia causæ*. Il ne nous reste plus, après avoir détaillé les nombreux cas de privilège, qu'à examiner d'une manière générale les caractères et la nature du *privilegium*.

CHAPITRE II.

Nature et effets du privilegium.

Un privilége (*sensu lato*), est toute faveur introduite par la loi, qui s'écarte de la règle commune. Cette faveur constitue à côté du droit commun, un droit particulier *jus singulare* ou *exorbitans*, suivant les expressions de Mackeldey. Ce droit particulier est de deux sortes : ou il constitue un *beneficium personæ*, lorsqu'une personne en est titulaire et susceptible de le mettre en action; ou il crée un *beneficium causæ*, en rapport avec un objet légal, sans acception de personnes. Telle est la base logique de la distinction, que nous avons posée entre les *privilegia personæ* et les *privilegia causæ*.

Les priviléges sont encore susceptibles d'autres distinctions; ainsi sont-ils généraux ou particuliers : généraux, lorsque tous les citoyens peuvent en jouir, s'ils se trouvent

(3) L. 52, § 10, D. Pro socio, XVII, 2.

dans les cas prévus. Dans ce sens, nous dirons que le fisc, les mineurs, les femmes, sont privilégiés : particuliers, quand ils constituent une *lex personalis*, applicable à un individu ou à une chose déterminée ; c'est ce que l'on nomme *beneficium principis*, ou simplement *beneficium*, par opposition au mot *privilegium* spécialement réservé aux privilèges généraux,

Au point de vue des sujets du droit, on peut distinguer le privilège personnel, établi en faveur d'une personne physique ou morale, et le privilège réel en faveur d'un fonds (1). Cette classification concerne plutôt les privilèges particuliers que les généraux.

Eu égard à leur objet on a divisé les privilèges en affirmatifs et négatifs (2) : les premiers garantissent à une personne un avant droit; les seconds libèrent des devoirs, auxquels les autres sont soumis (*immunitales*).

Ainsi les monopoles rentrent dans les privilèges affirmatifs. Qu'est-ce en effet que le monopole? C'est le droit concédé à une personne de faire seule et exclusivement une chose, que d'autres auraient aussi la faculté de faire.

Après ces aperçus sur une théorie des privilèges (*sensu lato*), en général, nous devons nous occuper plus spécialement du *privilegium exigendi*, et examiner ses caractères et ses effets.

1° Le *privilegium exigendi* ne constitue qu'un simple droit de préférence sur les créanciers chirographaires, *quod vertitur inter personales actiones*, comme dit le texte de la loi romaine, il ne peut nuire en aucun cas aux créanciers gagistes. Ceux qui ont reçu des gages, est-il dit dans une constitution, ayant l'action réelle, doivent être

(1) L. 1, §§ 41 et 43. D. De aqua cotidiana, XLIII, 20.

(2) Toutes ces distinctions appartiennent à Mackeldey dans sa synthèse du droit romain. Voyez aussi Mulhembrüch. Doctrina Pandectarum T. I, §§ 39, 80, 81 et 82.

préférés en toute manière à ceux qui n'ont que des actions personnelles à exercer (1).

Ce principe n'a pas été contesté, mais on a prétendu qu'il n'était pas sans exceptions. C'est ainsi, par exemple, que les créanciers privilégiés pour frais funéraires seraient préférés aux créanciers hypothécaires. On invoque en ce sens un texte de Paul dans ses Sentences t. VI, § 5 : *Quidquid id funus erogatur, inter œs alienum primo loco deducitur*, et un fragment de Marcien (2) ; *impensa funeris semper ex hereditate deducitur, quæ etiam omne creditum præcedere solet, cum bona solvendo non sint*. Ulpien serait encore bien plus explicite (3). Si le mort qu'il s'agit d'inhumer, tenait une terre à ferme ou à loyer, et qu'il ne laissât rien, pour payer les frais de ses funérailles, Pomponius écrit qu'ils seront pris sur les meubles ou ustensiles, qui garnissent la maison et la ferme ; et ce qui restera (*et si quid superfluum remanserit*), répondra des loyers.

D'après ce passage, il semble incontestable, que dans ce cas la préférence est donnée au privilége à l'encontre d'un droit de gage ou d'hypothèque ; on sait qu'un droit de gage tacite avait été accordé au locataire de maison sur les objets apportés dans la maison par le locataire (4) ; de plus, le bailleur de ferme avait aussi pareil droit sur les fruits perçus. Ces dispositions de la loi romaine ont passé dans notre droit (5).

Quelques concluants que paraissent être les textes précités, ils ne le sont point encore assez, pour nous faire admettre l'exception. Rien ne nous dit d'abord que Paul et Marcien n'aient entendu parler des créanciers chirogra-

(1) C. 9. C. Qui potiores, XVIII, 8.
(2) L. 45. D. De religiosis, XI, 7.
(3) L. 14, § 1. D. h. t.
(4) Paul L. 4. D. De pactis L. 2, § 14. Le bailleur à ferme avait l'action servienne.
(5) C. N. 2102, § 1.

phaires, et alors il est bien certain que la créance de frais
funéraires munie du simple privilége aura la préférence. Cette interprétation est d'autant plus plausible, que
selon les principes du droit romain, les créanciers gagistes ne prennent pas part au concours ; ils agissaient,
d'une manière indépendante, en vendant eux-mêmes leur
gage. Admettre que les frais funéraires l'emportent sur les
droits de gage ou hypothèques, c'est ne tenir aucun compte
de cet ordre de choses, c'est se mettre en opposition avec
tous les principes.

Le texte d'Ulpien est plus embarassant : on en trouve
néanmoins l'explication dans notre système, si l'on admet
avec M. de Vangerow (1), que la solution du jurisconsulte
doit être restreinte, au cas où le cadavre gît encore sans
sépulture et où l'inhumation est requise par l'autorité,
Des raisons majeures de salubrité et d'ordre public com-
mandaient dans cette hypothèse, l'acquittement immédiat
et préalable des frais. Mais y a-t-il parité de raisons, pour
accorder la même faveur à la créance de frais funéraires,
quand il y a eu ensevelissement, et qu'il n'est plus question
d'une mesure de salubrité publique ? Non évidemment, et
autant il est naturel dans le premier cas de se payer sur les
premiers venus des biens du débiteur, autant il le serait
peu dans le second, de ne point respecter les droits de gage
et particulièrement ceux du locateur, dont la cause n'est
pas moins favorable.

Dans notre droit où les principes ne sont plus les mêmes,
puisque le privilége l'emporte toujours sur l'hypothèque, il n'est pas moins certain, que le locateur doit
encore être préféré à ceux dont les deniers ont servi à la
sépulture du débiteur. S'il est vrai, que les priviléges généraux passent avant les priviléges spéciaux sur les immeubles, quand ces droits se trouvent en concours sur ces
biens, il n'en est pas de même, quand le concours à lieu sur

(1) III, § 594, II, n° 1. P. 249 de la 6e édition.

les meubles : les privilèges généraux cèdent alors le pas aux privilèges spéciaux, suivant l'opinion commune (1) La cause d'un créancier gagiste ou d'un locateur ne peut être sans un déni de justice jugée moins légitime, que celle du créancier pour frais funéraires.

2° Le *privilegium exigendi* produit effet sur toute la fortune du débiteur; le créancier peut donc se présenter au concours, sur n'importe quelle valeur à distribuer, sans qu'on puisse lui opposer, que son privilége ne portait point sur tel ou tel objet. A ce point de vue la position du créancier gagiste n'était pas toujours aussi avantageuse; dans le principe, on ne connaissait guère que le gage spécial; et il est facile de comprendre que le créancier gagiste ou hypothécaire avait encore intérêt à voir son droit muni d'un *privilegium exigendi*, surtout si l'objet engagé, ne suffisait pas à satisfaire pleinement le créancier; mais quand le droit d'hypothèque devint général, le *privilegium* fut inutile. Aussi, si l'on trouve dans les textes, l'existence cumulative d'une hypothèque générale et d'un *privilegium exigendi*, cela ne peut s'expliquer qu'historiquement. La garantie originaire d'abord trop faible, fut ensuite fortifiée par une garantie plus large; ainsi le gage tacite général fut créé à côté du *privilegium*. C'est là ce qui s'est passé, pour le fisc sous Caracalla, pour le pupille sous Constantin, et pour la femme mariée sous Justinien. Les textes ont conservé les traces de ces changements, et c'est la seule explication de cette simultanéité de garanties.

Quelle que soit l'utilité du *privilegium* à côté d'un droit de gage spécial, il n'en est pas moins vrai, que les avantages de ce bénéfice sont surtout appréciés par les créanciers chirographaires, dépourvus de droit de suite spécial, obligés de prendre part au concours et de supporter la distribution au marc le franc.

(1) Voyez les raisons apportées à l'appui de cette solution dans notre thèse. Infr. p.

3° En règle générale on peut dire, que celui qui paie de ses deniers un créancier qui lui est antérieur, prend la place du désintéressé. Ce principe est énoncé par Ulpien (1). Dans les actions personnelles, dit-il, ceux qui ont contracté depuis et donné leur argent, pour rembourser les anciens créanciers, sont subrogés en leur place; il y a cession fictive des actions.

Le même Ulpien applique un peu plus loin (2) ce principe, en matière de priviléges. La préférence est accordée aux créanciers, qui ont prêté de l'argent pour satisfaire les créanciers privilégiés. Mais comment l'argent est-il réputé prêté à cet effet? Est-ce quand il passe tout de suite des mains du prêteur entre celles du créancier, ou bien ne peut-il pas aller d'abord dans les mains du débiteur et être par lui remis au créancier privilégié? On peut en s'écartant de la rigueur du droit, comprendre aussi ce second cas, pourvu, qu'il n'y ait pas eu un grand intervalle, entre le prêt fait au débiteur, et le paiement effectué entre les mains du créancier. Voilà donc la théorie de la subrogation, organisée ou du moins pressentie dans les lois romaines (3).

CHAPITRE III.

Classement des priviléges.

Plusieurs créanciers privilégiés peuvent se trouver en présence; dès lors il est indispensable de savoir dans quel ordre il faut les payer, et de procéder ainsi au classement des priviléges.

(1) L. 2. D. De cessione bonorum, XLII, 3.

(2) L. 24, § 3. D. De rebus auctoritate, XLII, 5.

(3) A Rome, la subrogation ne résulte, que d'une cession fictive, qui se place nécessairement au dernier moment, où la cession réelle aurait pu être exigée; on ne peut en effet, céder même fictivement des actions, qui sont éteintes. L. 76. D. De solut. XLVI, 3. L. 36. D. De fidejus, XLVI, 1. L. 12 § 8. D. Qui potiores.

Il est certain, que si tous sont privilégiés au même titre, on applique naturellement la règle de l'égalité ; dans cette hypothèse, les concourants se partagent l'actif au prorata, sans avoir égard à l'antériorité des créances. Paul formule ainsi le principe : *Privilegia non ex tempore œstimantur, sed ex causa, etsi ejusdem tituli fuerint, concurrunt.*

Cette règle en apparence si absolue n'est pas sans exceptions. Ainsi, si plusieurs femmes agissent à la fois pour la restitution de leur dot contre le même individu, il est reconnu, que la première femme, ou ses enfants auront la préférence (1).

Une autre dérogation a lieu en faveur des créanciers, qui ont contribué les derniers à la conservation et à la réparation d'une chose ; il est bien naturel de préférer ceux qui ont conservé aux autres le gage commun. Leur argent n'a-t-il pas, en effet, empêché la perte des droits des premiers créanciers? Cette exception a passé dans le Code Napoléon, et justement, puis qu'elle consacre une solution commandée par l'équité.

En matière d'hypothèques, ce n'est plus la qualité de la créance, mais bien sa date qui est prise en considération. *Prior tempore, potior jure.* Voilà la règle qui constitue, ce que l'on appelle le *privilegium temporis.* Là encore nous trouvons des exceptions; si, par exemple, un premier créancier a consenti un *sub pignus,* il se verra primé par son concessionnaire.

La création de nombreuses hypothèques privilégiées, tacites et générales, vint apporter une bien plus grave dérogation au principe de la règle précitée.

Après ces distinctions concernant le conflit de plusieurs

(1) Voyez sur ce point la Novelle 91, ch. 1, où Justinien expose longuement l'affaire qui lui fut soumise, et les motifs qui l'ont déterminé à préférer la dot la plus ancienne.

priviléges de même qualité, ou d'hypothèques, arrivons au classement des différents *privilegia exigendi*.

Le premier rang appartient sans conteste aux créances pour frais funéraires ; de nombreux textes déjà cités ne laissent aucun doute ; nous avons même agité la question de savoir si ces créances ne devaient point l'emporter sur des droits de gage exprès ou tacites (1).

En seconde ligne, il faut placer le trésor public *(fiscus)*, dont il faut distinguer trois sortes de créances ; ou bien le fisc agit pour le recouvrement des amendes, alors il n'a aucun privilége, et est obligé de supporter le concours des créanciers chirographaires ; ou il poursuit pour impôts arriérés et compte de *primipilus*, et dans ce cas il jouit d'une hypothèque privilégiée depuis Antonin Caracalla ; ou enfin, il se présente comme un créancier ordinaire et au même titre, et dans cette dernière hypothèse, il n'a qu'une hypothèque simple, quoiqu'on ait soutenu qu'elle fut privilégiée, au moins sur les biens acquis postérieurement par le débiteur.

Devons-nous ranger après le fisc et avant tous les autres le privilége de celui qui a fourni son argent pour la construction, la réparation ou l'équipement d'un navire ? Ici les textes ne sont plus aussi concluants ; ils soulèvent même une véritable difficulté. Voici comment Marcien s'explique (2) : Tout créancier est privilégié après le fisc *(post fiscum)*, quand il demande une somme, qu'il a fournie pour la construction, l'achat, l'armement et l'équipement d'un navire. Au premier aperçu on pourrait croire que ce texte crée un ordre spécial pour ce privilége. Toutefois, en y réfléchissant, cette conclusion n'est pas forcée. Si l'on dit, en effet, que le privilége passera après celui du fisc, on ne dit nulle part, qu'il viendra

(1) Nous croyons inutile de revenir sur tous ces points discutés dans le ch. I, sect. II, § 2 de la II° partie.

(2) L. 54. D. De rebus auct., XLII, 5.

le premier, après le fisc, d'où on peut conclure, que cette hypothèse rentre dans le privilége plus général de celui qui a prêté de l'argent, pour acquérir, conserver ou réparer une chose ; et ce privilége doit être placé après celui des frais funéraires du fisc, de la femme, mais avant celui de l'*argentarius* et des pupilles (1).

Il nous faut encore mentionner ici, le privilége accordé à celui, qui à prêté pour l'achat d'une charge publique (*militia*). Les textes manquent, ou a peu près pour le classement de ce privilége auquel M. de Fresquet assigne le troisième rang. Justinien le mentionne en passant (2), mais il accorde la préférence à la femme, à moins que dans l'acte de prêt, il ne fut réservé, que les créanciers dont les fonds servent à l'achat de la charge publique, auraient la première place ; ce qui peut faire croire, que la volonté des parties suffit pour fixer le rang d'un privilége.

Le *privilegium dotis* n'a pas moins soulevé de difficultés que les précédents. Les uns ont voulu rattacher la préférence à la date, tandis que les autres repoussant, il semble avec raison, l'application d'une règle étrangère à la matière des priviléges, ont placé la créance de la femme, après celle des frais funéraires et celle du fisc.

Tous sont d'accord pour reconnaître, que la créance dotale est préférable aux autres créances privilégiées postérieures. Le doute n'était pas possible en présence d'une constitution de l'empereur Decius (3), ainsi conçue : *Dotis tuæ potiorem causam magis esse convenit, quam rei publicæ cui postea idem maritus obnoxius factus est.*

La discussion s'élevait, à propos des créances antérieures; et ici, il faut bien l'avouer, le texte précédent semblait donner raison, à ceux qui voulaient s'en tenir

(1) Voyez de Fresquet, T. II, p. 421.
(2) N. 97, ch. 3.
(3) C. 9. C. De jure dotium, V, 12.

à la date, pour décider la question de préférence. Pourquoi, en effet, dans le rescrit de Decius, la femme est-elle préférée; si ce n'est parce qu'elle se trouve en face de créanciers postérieurs.

On peut répondre que le temps ne saurait changer en aucune façon les caractères et l'efficacité du *privilegium dotis : non tempore, sed causa privilegia æstimantur*.

Ensuite on doit ajouter, que le mot *postea* pourrait bien n'être, que le résultat d'une circonstance de fait spéciale au rescrit, et alors il serait sans aucune influence sur le classement du *privilegium dotis*. Du reste, chose singulière, ce mot *postea*, qui sert pour ainsi dire d'échafaudage à l'opinion contraire, ne se retrouve pas dans l'édition donnée par Haloander à Nuremberg, en l'année 1529, édition désignée le plus souvent sous le nom de la Norique. Cette circonstance est de nature, à jeter quelques doutes, sur l'authenticité du mot *postea* (1).

Quoiqu'il en soit, Justinien paraît bien tenir pour certain, que la femme l'emportait sur presque tous les privilèges même antérieurs (2).

Il déclare en effet, qu'en parcourant les lois anciennes, il a trouvé, en ce qui concernait les actions personnelles, qu'elles donnaient à la femme par l'action *rei uxoriæ*, la grande prérogative d'être préférée, à tous les autres créanciers et même antérieurs (*et creditores alios antecedant, licet fuerint anteriores*).

En présence de cette déclaration, qui vient corroborer les principes, on ne peut qu'affirmer la supériorité du privilége de la femme sur tous les autres, antérieurs ou postérieurs, à l'exception des privilèges garantissant les créances pour frais funéraires, et les droits du fisc. A supposer, qu'il y eût plusieurs femmes se présentant à la fois pour

(1) V. de Wangerow, § 594 p. 252.
(2) C. 12. C. Qui potiores, XVIII, 8.

exercer leur reprises dotales, nous avons déjà vu que la première l'emportait sur les autres.

Il est inutile d'ajouter, que la position de la femme fut encore améliorée par la création d'une, hypothèque générale et privilégiée ; et par une *rei vindicatio utilis*. Dans le dernier état du droit de Justinien la femme revendiquait les choses dotales existantes à la dissolution du mariage, et ainsi elle était sûre de ne plus prendre part au concours puisqu'elle agissait comme séparatiste *ex jure dominii*, suivant les expressions de Mackeldey.

A côté du *privilegium dotis* mentionnons le privilége du pupille ; M. de Fresquet lui donne la dernière place. Mais déjà à l'époque de Constantin, le pupille jouissait d'une hypothèque légale sur les biens du tuteur ; en même temps cette hypothèque était privilégiée sur la chose, que le tuteur ou un tiers avait achetée des deniers du pupille (1).

La plus vive controverse s'est élevée, à propos du rang à assigner au privilége de celui, qui a déposé une somme d'argent chez un banquier. On rencontre sur ce point deux texte d'Ulpien absolument contraires ; aussi bon nombre d'auteurs, ont ils déclaré, qu'ils étaient inconciliables, tandisque les autres, s'ingéniaient pour trouver des conciliations plus moins invraisemblables.

Voici ce que dit Ulpien, l. 24 § 2, D. De rebus auct, jud. XLII. 5. *In bonis mensularii vendendis, post privilegia potiorem eorum causam esse placuit, qui pecunias apud mensam, fidem publicam secuti, deposuerunt..... Si tamen nummi extent, vindicari eos posse puto a depositariis ; et futurum eum, qui vindicat, ante]privilegia...*

Dans la loi 7, §2 et 3. D. *Depositi.* 16. 3. le même Ulpien s'exprime ainsi : *Quotiens foro cedunt nummularii, so-*

___

(1) L. 5, p. D. De rebus eorum qui sub tutela, XXVII, 9. L. 9, p. D. Qui potiores in pign. D. XX, 4.

let, primo loco ratio haberi depositariorum: hoc est,
corum, qui depositas pecunias habuerunt, non quas
fœnore apud nummularios, vel cum nummulariis, vel
per ipsos exercebant, et ante privilegia si bona ve-
nierint, depositariorum ratio habetur.....

Item quæritur, utrum ordo spectetur eorum, qui de-
posuerunt; an vero simul omnium depositariorum
ratio habeatur? et constat, simul admittendos : hoc
enim Rescripto principali significatur.

Comment peut-il se faire, qu'Ulpien ait assigné aux dépositaires, tantôt la première place, et tantôt la dernière?
Les textes ont ils été altérés? On ne trouve aucune trace
d'interpolation, et on n'en voit pas même la raison.

Ulpien a-t-il voulu prévoir deux hypothèses différentes?
C'est probable à coup sûr; mais on est loin d'en avoir
une preuve certaine. En somme la difficulté est des plus
grandes; l'antinomie semble flagrante, car l'hypothèse
paraît être la même. Comment résoudre ce problême?

Entre toutes les conciliations proposées, celles de M. de
Wangerow (1), paraît être des plus heureuses. D'ailleurs,
il n'en est pas l'auteur, puisqu'il reconnaît l'avoir empruntée à un auteur allemand Frister (2). Il faudrait distinguer
avec soin les trois cas suivants:

1° Les écus déposés chez le banquier existent *in*
specie. Ils seront alors revendiqués et le déposant n'aura
même pas à entrer en concours avec les créanciers privilégiés. Ce serait là l'hypothèse prévue par la loi 24, § 2,
in fine.

2° Si les écus déposés ne sont plus là, et ne peuvent être
représentés, le déposant est placé pour sa créance après les
autres créanciers privilégiés, mais il précède les chirographaires; en d'autres termes le créancier dépositaire

(1) Lerbuch der Pandecten., 6ᵉ édit., § 594, T. III.
(2) Frister. De privilegio creditorum personali simplici. Gottingen,
1804.

obtiendra le dernier rang : tel est le cas visé par la loi 24, § 2, *in principio*.

3° Il peut arriver, que chez l'*argentarius* qui a cessé les paiements, on ne retrouve plus *in specie* les écus déposés, quoiqu'ils y soient ; du moment que chacun ne peut plus reconnaître les siens, la révendication est impossible. Dans le cas précédent les écus déposés n'étaient plus dans la banque ; ici, ils y sont, mais non reconnaissables. En face de cette situation, la Loi 7, §§ 2 et 3, contient une décision de circonstance. Les déposants l'emporteront sur tous les autres créanciers privilégiés (1), puisqu'ils retrouvent les écus déposés, au moins *in globo* ; mais comme entre eux la revendication n'est pas admise il y aura concours au prorata. S'ils ne sont pas entièrement désintéressés, ils exerceront le privilége pour le surplus, mais alors ils ne viendront qu'après les créanciers privilégiés conformément à la Loi 24, § 2, *in principio*.

Ainsi M. de Vangerow résout l'antinomie ; mais son interprétation est loin de répondre à tout ; elle est d'abord contraire à un texte de Papinien (2), où il est dit, que le privilége sera exercé, non seulement sur la quantité, qui s'est trouvée dans les biens du banquier, provenant de l'argent déposé, mais sur toute la fortune du banqueroutier (3) ; ce serait donc le même privilége qui devrait être admis sur les écus déposés et sur le reste du patrimoine. En suivant au contraire l'interprétation du célèbre auteur Allemand, on arrive à établir, qu'il y a deux priviléges : l'un plus fort, quand les écus déposés existent,

(1) Il serait plus vrai de dire alors, que les déposants sont des séparatistes *ex jure crediti*, puisqu'ils demandent, qu'une partie des biens du débiteur ,soit séparée de la masse, et leur soit attribuée à l'exclusion de tous les autres créanciers.

(2) L. 8. D. Depositi. XVI, 3.

(3) Le texte de Papinien mérite d'autant plus de créance, qu'il n'est que la consécration d'un principe général : à savoir, que le *privilegium exigendi* produit effet sur toute la fortune du débiteur.

mais ne sont plus reconnaissables; l'autre plus faible, quand il s'agit de garantir l'excédant des créances sur la somme retrouvée.

M. de Vangerow réplique bien, que cette fausse apparence de la Loi 8, n'est peut-être que le résultat d'un retranchement maladroit; les compilateurs, en joignant la Loi 8 à la Loi 9, ont sans doute omis le commencement du texte, qui pouvait contenir une distinction.

On ne peut nier la possibilité d'une telle suppression; mais après tout il n'y a là qu'une supposition. Est-ce là une raison suffisante? Nous admettons également, que la distinction entre les écus retrouvés *in specie*, et ceux retrouvés en masse, et non reconnaissables, est des plus ingénieuses. Mais encore une fois, cela suffit-il en présence des textes, qui ne mentionnent, qu'une seule distinction entre les écus encore existants et susceptibles d'être revendiqués, et les écus non retrouvés?

A coup sûr, l'opinion de M. de Wangerow a pour elle l'équité. Il est certain, qu'entre l'hypothèse où les écus sont retrouvés *in specie* ou en masse, il n'y a pas une différence de nature à justifier la diversité des solutions. Cela est très vrai; mais, ce résultat en apparence injuste n'est que la conséquence du caractère rigoureux des principes du Droit romain. La revendication seule, pourra donner aux créanciers une position exceptionnelle, et la revendication n'est possible, que si l'identité peut être constatée. La revendication ne peut-elle être intentée? un seul et même privilége appartient aux déposants; c'est Papinien lui-même, qui nous l'apprend; et ce privilége aura la dernière place. Car, remarquons-le bien, dans le doute, il vaut mieux admettre le privilége le moins fort; et puis, la loi 24, ne fait-elle pas partie d'un titre, où l'on s'occupe des priviléges d'une manière particulière? Aussi jusqu'à preuve du contraire faut-il voir la règle inscrite dans la loi 24, § 2. C'est bien là, ce qu'ont fait Schweppe et Fritz sur Wening, en déclarant les deux textes d'Ulpien inconciliables.

Après la conciliation do M. do Wangerow, citons celle
de Cujas (1), adoptée par beaucoup d'auteurs tels que Mulhembrüch (2), Unterholzener, etc. La loi viserait selon
lui, la même hypothèse que la loi 24. § 2, *in fine;* c'est-à-
dire, que dans les deux cas, les écus déposés existeraient
encore *in specie*, et seraient susceptibles d'être revendiqués. Voilà pourquoi , toujours d'après Cujas, la loi attri-
buerait le premier rang aux déposants. Cette interprétation est en contradiction formelle avec les textes et les
principes; la loi 7 ne suppose en aucune façon, le cas d'une
revendication , puisqu'elle parle de privilèges, et que dans
le § 3, il est dit, qu'entre eux il y a concours au prorata :
Etranges revendiquants, que des créanciers privilégiés, qui
viennent au concours, et qui sont dans l'obligation de su-
bir une retenue proportionnelle. L'opinion de Cujas, bien
que renforcée, de l'autorité des scholiastes sur les Basiliques (3), ne saurait triompher des principes , et faire voir
des revendiquants dans des concourants privilégiés.

D'autres ont prétendu que dans la loi 7. § 2, il était question de privilèges personnels (*privilegia exigendi*), tandis que dans la loi 24, il s'agirait de droits de gage tacite
(*privilegia realia*). Cette interprétation n'est que le résultat d'une supposition encore moins vraisemblable que
les précédentes.

La conciliation de Voët (4), n'est pas plus heureuse,
quand il vient prétendre, que dans la loi 24 Ulpien parle de
privilèges, dits *absolus*, c'est-à-dire, de frais de justice et
de dépenses nécessaires , qui sont prélevées sur la masse
avant tout partage. Les déposants viendraient après ces pri-

(1) Cujas, Comment. in lib. IX. quæst. Papin. ad leg. 8. Depositi.
(2) Mulhembrüch. Doctrina Pandec., § 173, nᵒ 16.
(3) Le recueil des Basiliques, commencé par l'empereur Basile, et terminé
par son fils Léon le philosophe (886-911), est une nouvelle compilation des
Institutes, des Pandectes, du Code et des novelles. Les scholies des Basiliques ont été empruntées, aux écrits des contemporains de Justinien.
(4) Voët. Pandectes, ad lib. XX, T. IV, § 14.

viléges, mais avant les autres *privilegia exigendi*, auxquels la Loi 7 fait allusion. Encore une supposition hasardée.

Parlerais-je aussi, de la différence qu'on a voulu établir entre les *mensularii* et les *nummularii ?* Les premiers seraient des fonctionnaires publics ; les seconds de simples particuliers exerçant une industrie privée (1). La distinction n'est même pas plausible, en présence du texte grec des Basiliques, qui traduit les deux expressions par le même mot, et de la Loi 47. D. *De pactis*, qui emploie indifféremment les deux termes *mensularii* et *nummularii*, pour désigner le même individu.

La liste des conciliations n'est pas encore terminée. Ainsi, a-t-on dit, les mots *post privilegia* de la Loi 24, doivent s'entendre de la manière suivante : *postquam facta est lex, quæ privilegium dat deponentibus* ; Ou bien, on devrait sous entendre le mot *quædam* ; ou même enfin, il faudrait expliquer les mots *post privilegia* comme s'il y avait *post positis privilegiis* ce qui reviendrait à *ante privilegia*. Cette explication n'est pas même plausible ; elle est tout simplement absurde et ne mérite aucun examen.

Voici deux autres interprétations beaucoup plus sensées. La première est enseignée par Schilling, Lauterbach et Putcha (2). Il faut distinguer le vrai dépôt et le dépôt irrégulier ; dans le premier on a stipulé la restitution *in specie* ; dans le second, on doit *non-idem, sed tantum dem*. Dans la loi 7, Ulpien prévoyant le premier cas, dirait avec raison, que les déposants passent avant les priviléges, puisqu'ils réclament ce qui leur appartient ; et dans la loi 24, Ulpien ferait allusion aux déposants, qui réclament, non plus les écus qu'ils ont remis, mais une somme équivalente.

Cette explication soulève encore des difficultés ; si dans

(1) Glück. T. XV, p. 224. Overbeck. De collocatione depositi.
(2) Putcha. Pandectes, § 248, n° 10.

la loi 7, il y a revendication, pourquoi parler de priviléges et de concours au prorata.

Enfin, la dernière interprétation a été proposée par
Neustetel dans ses recherches, et Zimmern, sur les théo-
ries juridiques des Romains (n° 2, p. 33). D'après ces
auteurs, la loi 7 s'occuperait de dépositaires déposants, et la loi 24 de personnes, qui ont déposé directement
leur argent chez le banquier. Ce qui donnerait une certaine créance à ce système, c'est que, les termes employés
par la loi 7, et surtout la traduction du mot *depositarii*
contenue dans cette même loi, font présumer, qu'Ulpien a
entendu parler de personnes qui avaient reçu de l'argent
en dépôt et qui l'ont remis ensuite à l'*argentarius* : *Depositarii, hoc est, et, qui depositas pecunias habuerunt.*
Malheureusement dans le § 3 de la même loi, le Jurisconsulte emploie le mot *depositarii*, dans le sens de *qui
deposuerunt*, ce qui fait que l'on peut traduire presque à
coup sûr ces mots : *qui pecunias depositas habuerunt*,
par l'expression *déposants*.

En exposant toutes les conciliations proposées, notre
perplexité n'a fait qu'augmenter ; l'esprit et la raison ne
sont pas satisfaits, et nous croyons encore, qu'il est plus
rationnel, de déclarer ces textes inconciliables, que de se
rattacher à une explication insuffisante. Entre toutes les
conciliations, celles de M. de Vangerow et de Putelia méritent d'être remarquées ; on pourrait même à la rigueur
les accepter ; mais nous, le répétons, elles sont loin d'être
complètes ; peut-être, la science en progressant, arrivera
t-elle à éclairer la question d'un nouveau jour ? Nous l'espérons, mais jusque là notre doute doit subsister.

DU PRIVILÉGE DU VENDEUR

D'EFFETS MOBILIERS NON PAYÉS

ET

DU DROIT DE REVENDICATION

INTRODUCTION

La Science économique n'est pas sans influence sur le développement de notre Droit civil, et ici, plus que partout ailleurs, il est permis d'aller chercher dans ses principes, la raison d'être d'un système législatif. Les rédacteurs de notre Code avaient à résoudre, le problème si difficile de la circulation des richesses; ils ne pouvaient mieux faire, que d'entourer la vente, de toutes les garanties de nature à faciliter les rapports des contractants.

Depuis ce jour ancien, où la monnaie apparut sur nos marchés, comme l'instrument d'échange le plus commode et le plus sûr, la vente tient une large place dans les relations humaines. Indispensable aux besoins de la société, elle doit être organisée d'une manière toute particulière.

C'est là ce que nous explique la triple concession d'un droit de retention, d'un droit de revendication et enfin d'un privilége au vendeur non payé, qui jouit encore d'une

action en résolution, d'après les principes généraux (1).
Le paiement du prix est en effet la cause déterminante de
l'obligation du vendeur, et sa réalisation doit être à peu
près certaine.

Le droit de rétention n'existe, que dans la vente au
comptant (2); le vendeur ne veut se dessaisir, qu'en rece-
vant le prix de la chose, et il n'a pas une confiance assez
grande en l'acheteur, pour lui abandonner un gage pré-
cieux à posséder, s'il se trouvait dans la nécessité de
poursuivre la résolution du contrat. Néanmoins, il est
facile de voir, que le droit de rétention n'est au fonds
qu'une mesure provisoire et toute précaire. Il y a des risques à courir, une responsabilité à supporter, et une pareille situation ne peut guère se prolonger.

Le vendeur veut-il sortir de ce *statu quo* préjudiciable ?
Une double voie lui est alors ouverte. Il peut poursuivre
l'exécution du contrat, ou en provoquer la résolution;
s'il prend le premier parti, le privilége est une des garanties les plus sérieuses, qui puissent lui être offerte (3).

En matière mobilière, le privilége est accompagné d'un
droit de revendication *sui generis;* suivant nous, le ven-

(1) 1184. C. N.

(2) Art. 1612, C. Nap. Le droit de retention a pour fondement le
droit naturel lui-même. Ce caractère l'élève à la hauteur d'un principe
général. Voyez M. Rauter. Revue Étrangère, 1841, p. 787. — De Moly
Thèse de doctorat couronnée par la faculté de Dijon.

Nul ne peut s'enrichir aux dépens d'autrui. Telle est la cause éloi-
gnée du droit de retention. Nul ne peut exiger l'accomplissement d'une
obligation s'il n'est pas prêt à accomplir l'obligation corrélative. Telle est
la cause immédiate du droit de rétention.

M. Huc à son cours, 4 mai 1867.

(3) Le privilége est un droit que la seule qualité de la créance, c'est-
à-dire la faveur qu'elle mérite aux yeux de la loi, donne à un créancier
d'être payé de préférence à d'autres. 2095, C. N.

Le privilége du vendeur est fondé sur cette idée : que l'aliénation
n'est faite que sous la déduction d'un droit réel retenu par lui pour la
sûreté de sa créance.

deur, en l'exercant, ne demanderait autre chose, que d'être réintégré dans la possession de l'objet, dont il a eu le tort de se dessaisir avant paiement. La revendication n'est qu'une mesure conservatoire, destinée à mettre le débiteur, dans l'impossibilité de soustraire l'objet, aux recherches de son créancier. On comprend dès lors, pourquoi ce droit n'existe que dans les ventes au comptant et à l'égard des meubles.

Quand il s'agit d'immeubles, l'exercice du privilége en suppose la publicité ; depuis la loi de 1855, le privilége est rendu public par la transcription de l'acte de vente, de sorte qu'il est connu au premier moment de son existence à l'égard des tiers.

Le vendeur, avons-nous vu, peut, s'il le préfère, agir en résolution; cette action lui sera même plus avantageuse, s'il a à craindre le concours de priviléges préférables aux siens, ou de simples hypothèques établies sur l'immeuble lors de la vente. L'action en résolution n'est pas spéciale au contrat de vente; elle n'est que la conséquence des principes généraux sur les obligations (C. N. 1654, 1657). Dans tous les contrats synallagmatiques, il y a une condition résolutoire sous entendue; quand l'une des parties n'accomplit pas son obligation, l'autre est déliée de ses engagements (1184 C. N.).

La loi de 1855 a rendu solidaires en matière immobilière, l'action résolutoire et le privilége; ces deux droits doivent être rendus publics; ils naissent et ils meurent en même temps. Dans les ventes mobilières, l'exercice de l'action résolutoire est comme celui du privilége limité par la maxime : *En fait de meubles, possession vaut titre* (2279 C. N.).

Ce rapide coup-d'œil jeté sur la position du vendeur, dans notre droit, a suffisamment indiqué la place qu'occupe notre privilége dans la théorie juridique de la vente. Il nous reste maintenant à parler, d'une manière toute spéciale du privilége du vendeur d'effets mobiliers non payés.

En conséquence, nous examinerons successivement :

1° Son origine.

2° Sa cause.

3° Son objet

4° Ses conditions d'exercice.

5° Son classement.

CHAPITRE PREMIER.

Origines coutumières du privilége et du droitde revendication.

L'art. 176 de la Coutume de Paris, portait :

Qui vend aucune chose mobilière sans jour et sans terme, espérant être payé promptement, il peut sa chose poursuivre en quelque lieu qu'elle soit transportée, pour être payé du prix qu'il l'a vendue.

L'art. 177 ajoutait :

Et néanmoins, encore qu'il eût donné terme, si la chose se trouve saisie sur le detteur par un autre créancier, il peut empêcher la vente, et est préféré sur la chose aux autres créanciers.

Tels sont les deux articles de la Coutume de Paris, qui nous attestent l'existence, en droit coutumier, du privilége et de la revendication.

Ce privilége est fondé sur ce que, c'est le crédit qu'a fait le vendeur, qui a mis l'effet parmi les biens du débiteur; il a donc été juste d'accorder un privilége sur le prix d'icelui. C'est raison écrite, c'est droit commun (1).

A son tour, Ferrières sur la Coutume de Paris, en faisant remarquer que la disposition de l'art. 177 est contraire au Droit romain, ajoute : Notre Coutume a trouvé, qu'il était plus équitable, de contrevenir à la disposition du droit en donnant préférence au vendeur, sur la chose ven-

(1) Bourjon, t. 2, t. 8. Des Exécutions al. 75.

due à terme, pour le prix de la vente qui lui est dû, afin que les créanciers de l'acheteur ne tirent pas du profit à son préjudice, et de ses biens.

L'équité fit donc introduire dans nos Coutumes le privilége accompagné d'un droit de suite, son accessoire obligé dans le cas de vente sans terme. Comme toutes les institutions coutumières, il ne nous apparaît d'abord, que dans des cas particuliers.

Le texte le plus ancien parvenu à notre connaissance, est une ordonnance du roi Jean, spéciale à la ville de Bayeux, permettant de revendiquer, et de saisir les marchandises vendues et non payées (1).

Un peu plus tard, vers la fin du xivme siècle, nous retrouvons dans les Notables Points sur l'Usage de Paris, ce privilége accordé à la corporation des marchands de vin ; il emportait droit de suite comme conséquence. L'origine du privilége peut se placer vers le milieu du xivme siècle, puisqu'au xiiime il n'existait pas encore. Un texte fort curieux du Livre de Justice et de Plegs (p. 320), n'en fait aucune mention. Le privilége une fois introduit dans les coutumes, ne tarda pas à être généralisé ; on le retrouve avec le droit de suite dans l'article 141 des Coutumes notoires du Châtelet de Paris. Et c'est de cet acte de notoriété, fait en forme de *turbe* au Châtelet de Paris en 1373, que fut tiré l'art. 104 de l'ancienne Coutume de Paris. Le droit de suite ou de revendication se retrouve aussi dans les décisions de Jean Des Mares, art. 105.

Dès lors, le privilége est étendu à toutes les corporations de marchands, et à toute espèce de marchandises. Bourjon montre la transformation opérée quand il dit du privilége : ceci est raison écrite, c'est droit commun.

Le droit de suite, que l'on rencontre constamment à côté

(1) Cette ordonnance est rapportée dans le recueil général des anciennes lois françaises d'Isambert. Elle fut rendue à Virme en 1351 et fait partie de la collection du Louvre (III, p. 248).

du privilége, s'il y a vente sans terme, n'en est après tout qu'un mode d'exercice; suivant Bourjon (alin. 76), la seule différence consiste en ce que, dans un cas, le privilége est plus étendu que dans l'autre. Duplessis partage la même opinion (1). Si l'acheteur vend, donne, ou autrement aliéne la chose à un autre, sans en avoir encore payé le prix, le vendeur peut la suivre en quelque mains qu'elle passe, et la faire saisir sur le détenteur de bonne foi, pour être payé de son prix ; ce qui est une fallence à la règle que les meubles n'ont point de suite par hypothèque.

Le vendeur agit donc en sa qualité de créancier privilégié, s'il poursuit le tiers détenteur, c'est comme le dit la Coutume de Paris, pour être payé du prix qu'il l'a vendue. Du Molin n'est pas moins explicite (2), quand il nous dit que le vendeur a droit de suite pour recouvrer les marchandises, et en être saisi jusqu'à ce qu'il soit payé.

De plus, tous ces jurisconsultes sont unanimes pour présenter ce droit de suite, comme une exception à la règle coutumière: meubles n'ont point de suite par hypothèque. Mais il faut bien savoir ce que signifiait cette règle, tirée d'une autre plus générale ainsi conçue: *meubles n'ont point de suite.*

Cette maxime a son origine même, dans le droit germanique (3); elle peut être envisagée à un double point de vue. Vis-a-vis des créanciers la règle voulait dire, que les meubles, dont le débiteur n'avait plus la possession, n'étaient pas obligés : vis-à-vis du propriétaire, elle ne fut en principe, que la négation générale de toute action réelle mobil'ère.

(1) Duplessie. Sur la coutume de Paris. Traité des Exécutions, 1, 2, art. 176.

(2) Du Molin dans ses apostilles sur l'art. 194 de l'ancienne coutume de Paris.

(3) Charlemagne. Capitul. 3, chap. 6, t. 8, t. 13, art. 1. Loi des Bavarois, 1. 7, t. 2, chap. 8. Loi des Visigoths, 1. 6, chap. 28. Loi de Luitprand.

Au XIII° siècle, le propriétaire ne pouvait réclamer un meuble, que par une action personnelle. Ce principe peut seul nous donner la clef de la procédure d'*aveu et contra-veu*, au moyen de laquelle le délinquant est mis en face du volé; d'ailleurs, cette procédure était renouvelée d'une autre bien plus ancienne, usitée en droit germanique, dite d'*entiercement*. Lors de la diffusion du droit romain en France, par les disciples d'Irnerius, il ne fut plus possible de refuser au propriétaire l'action réelle mobilière, et la maxime : *meubles n'ont point de suite*, fut remplacée par cette autre : *en fait de meubles possession vaut titre*. L'action réelle existe, mais elle est à l'instant même paralysée, par le fait d'une possession de bonne foi, et s'il n'est plus vrai de dire, que meubles n'ont point de suite, en réalité la position du propriétaire n'avait pas changé en présence de ce vieux principe : *la saisine des meubles se perd en un instant*. En matière mobilière, on n'avait jamais distingué entre le petitoire et le possessoire ; la vraie saisine s'acquiert immédiatement par la possession, tandis que la saisine possessoire ne résulte pour les immeubles, que de la possession prolongée d'an et jour. Autrefois, cette saisine d'an et jour, rendait propriétaire d'un immeuble ; mais à la distraction du pétitoire, il n'y eut plus que la saisine possessoire.

La règle : meubles n'ont point de suite, n'était pas sans exception.

1° *A l'égard des créanciers*. — Le droit de suite fut admis en faveur du propriétaire locateur ou bailleur, sur les meubles mis dans la maison louée. Cette exception fut introduite dans le droit coutumier vers l'année 1367. A cette époque, on trouve, de nombreux arrêts accordant au seigneur censier, le droit de suivre les meubles, enlevés de la maison sans son consentement. Le propriétaire agit en qualité de créancier gagiste; c'est pour se faire payer du prix du bail qu'il peut poursuivre les meubles déplacés. Ce droit de suite, est d'ailleurs limité, il ne peut être exercé à l'encontre d'un tiers acquéreur de bonne foi.

Une deuxième exception, fut introduite en faveur du vendeur non payé, qui, suivant la foi de l'acheteur, lui a livré la chose. Le droit de suite est encore présenté, comme l'accessoire du privilège, au cas de vente au comptant.

2° A l'égard du propriétaire. — Le tiers, qui de bonne foi a acheté la chose, à celui qui l'a volée ou gardée, ne pourra repousser le propriétaire, qui agit dans les trois ans s'il y a eu vol, ou dans l'an et jour, s'il y a eu perte. Ces exceptions se retrouvent jusque dans le droit germanique (1) A l'égard du propriétaire, la maxime, meubles n'ont point de suite, à sa base rationnelle; 1° dans la négation originaire de toute action réelle mobilière; 2° dans la confusion de la possession et de la propriété. Là est l'origine de l'article 2270 C.-N. A l'encontre des créanciers, la règle coutumière a le même fondement. Si le droit de propriété n'est pas respecté, à fortiori le droit de gage et d'hypothèque, ne peuvent survivre, à la perte de la possession.

L'origine et la nature de cette règle coutumière étant établie, le sens et la signification des exceptions ne doivent plus faire aucun doute. Si le vendeur exerce un droit de suite, c'est comme créancier privilégié, et non comme propriétaire. Ce principe semblerait devoir être à l'abri de toute discussion ; néanmoins, il s'est trouvé des juris-consultes distingués, pour défendre l'opinion contraire, et

(1) La procédure de l'*intertiatio* du Droit germanique montre bien que le propriétaire n'avait qu'une action personnelle. Au XIII° siècle la procédure d'aveu et de contre aveu montre encore que l'action n'est que personnelle. Miroir de Saxe, 1231. Miroir de Souabe, 1276.

L'art. 2280, C. N., qui exige la restitution du prix ne peut guère être expliqué que par cette ancienne action personnelle, du droit germanique. Le propriétaire qui revendique son immeuble n'est jamais obligé de restituer le prix.

L'art. 2280 est donc un reste de l'ancienne doctrine germanique. M. Ginouilhiac, à son cours. Avril 1867.

faire intervenir le Droit romain, dans une question, où il devait rester complètement étranger. Delaurière, sur la Coutume de Paris, Claude de Ferrière, et plus tard Pothier, lui-même, n'ont vu dans le droit de suite, qu'une véritable revendication suffisamment justifiée, par une prétendue persistance du droit de propriété sur la tête du vendeur.

Voici leur système : Le vendeur a tantôt un droit de revendication, tantôt un privilége, suivant qu'il a vendu sans terme ou à crédit. Dans le premier cas, il est resté propriétaire, et n'a nullement besoin d'un privilége. C'est là l'application du fameux § 41. Des Inst. *De Rerum divisione* : *Venditæ vero res, et traditæ non aliter emptori adquiruntur, quam si is venditori pretium solverit, vel aliis modis ei satisfecerit.* La tradition n'est translative, que sous la condition suspensive du paiement du prix. Il en résulte, ajoute Delaurière, que si le premier acheteur vend la chose à un second, qui la lui paie de bonne foi ; et si le second vend la chose à un troisième, qui la lui paie pareillement ; le premier vendeur, qui n'a pas cessé d'être propriétaire et qui revendique la chose, est préféré aux différents créanciers de ces divers acquéreurs ou acheteurs quelqu'ils soient, privilégiés ou non. De son côté Poulain du Parc (1), nous dit : Si le vendeur n'a pas suivi la foi de l'acheteur, en lui donnant un terme, celui-ci n'a point la propriété de la chose, tandis qu'il ne paie pas le prix ; il ne peut conséquemment en transporter la propriété à un tiers. C'est encore là l'interprétation d'Henri Basnage (2).

L'article 176 de la Coutume de Paris cadrerait d'ailleurs en tous points avec le système romain. Si le vendeur a un droit de revendication, c'est qu'il n'y a pas eu paiement, et qu'il est resté propriétaire; on dit, que le privilége existe dans les deux cas, mais ceci signifie, que la propriété

(1) Poulain du Parc, Principes du Droit français, t. 7.
(2) Henri Basnage, Traité des hypothèques, chap. XIV.

crée au vendeur une situation privilégiée, à l'encontre des autres créanciers.

La première conséquence d'une pareille doctrine c'est de donner la préférence au vendeur sur le propriétaire locateur, au cas de conflit sur les meubles garnissant la maison louée. On est encore amené à soutenir, que la revente consentie par l'acheteur, ne constitue qu'un vol et un larcin.

En conséquence, le tiers acquéreur peut se voir évincé, à moins qu'il n'ait acheté en foire, ou sur vente en justice. Le propriétaire de la chose furtive, dit Brodeau, la peut suivre et vendiquer, entre les mains de quelque possesseur de bonne foy, sans estre obligé de lui restituer le prix, *quando ab ignoto et transeunte extit.*

La doctrine romaniste est, par exemple, fort embarassée, quand il s'agit d'expliquer l'art. 177 de la Coutume de Paris. Les uns, comme Brodeau, disent que les réformateurs de la Coutume ont été plus sages et plus advisés que les jurisconsultes Romains, qui déniaient l'hypothèque tacite, le privilége et la préférence à celui, qui avait vendu sa chose à crédit et à terme, s'il n'y avait eu convention d'hypothèque. Delaurière lui-même, est obligé de convenir qu'il ne faut point suivre les subtilités des lois romaines (1).

D'autres, d'une logique plus rigoureuse, veulent trouver dans le droit romain, l'explication du privilége. C'est ainsi que d'après Loyseau (2), le privilége du vendeur ne serait qu'une extension à toute personne du privilége de tacite hypothèque, et de *prélation* sur la chose vendue, accordée aux banquiers par Justinien dans la Novelle 136. Au surplus, le privilége, au cas de vente avec terme, n'existait pas dans le principe, s'il faut en croire l'auteur *du Droit Coutumier*, (l. 2, chap. 17, de l'exécution des titres). La dette pour vin vendu en gros, sans jour et sans terme

(1) L. 1. § 18. D. De tributoria actione.
(2) Loyseau, Du Deguerpissement, chap. 5, n° 6.

est privilégiée ; que si le créancier donne terme et prend obligation, il se départ du privilége et fait sa dette commune ordinaire (1).

Tel est l'ensemble du système enseigné par Pothier, et les autres romanistes.

En face de cette théorie, les objections se pressent en foule. Et tout d'abord, si le vendeur se présente comme créancier privilégié, c'est qu'il n'est plus propriétaire. S'il a conservé le *dominium*, comment et pourquoi se présenterait-il au concours ? On répond, que dans le cas de vente sans jour ni terme, le vendeur n'entend pas se prévaloir d'un privilége. Mais ne voit-on pas que dans l'art. 170 de la Coutume de Paris, il n'agit, que pour être payé promptement, et que s'il poursuit sa chose, c'est pour en avoir la possession *jure pignoris*, afin d'arriver à la réalisation du prix, en refusant la jouissance de l'objet? On dit encore : la tradition n'était translative de propriété que sous la condition suspensive du paiement du prix. Cela est vrai en droit romain. Mais peut-il en être de même d'après les principes du droit Coutumier? Faut-il rappeler les formalités de l'ensaisinement judiciaire, l'investiture du domaine, puis plus tard la tradition de fait accompagnée de la clause portant saisine-desaisine, enfin la clause de constitut et de précaire? La saisine rendait toujours propriétaire: pour les immeubles, certaines solennités furent nécessaires dans le principe, elles tombèrent bientôt en désuétude (2) : En fait de meuble, au contraire, la tradition a toujours été suffisante, car la saisine des meubles

(1) Arrêts Notables de Louet, t. II, p. 380.

(2) Dans les pays de nantissement (Pays-Bas) la propriété des immeubles, n'était transférée, que par l'investiture donnée par le seigneur et précédée de la renonciation du propriétaire ; l'investiture était constatée sur des registres publics.

La loi de Brumaire an VII a puisé, dans cette coutume, l'idée de la transcription sur les registres hypothécaires.

Merlin Vᵒ. Nantissement.

se perd en un instant. On est donc bien loin de l'idée romaine. Le droit Coutumier ne reconnaît point de tradition suspensive, et cela est si vrai, que les jurisconsultes dont nous combattons l'opinion, n'ont jamais appliqué leur théorie aux immeubles; et cependant, la règle des Institutes était générale et s'appliquait sans distinction !

De tout ceci, que conclure ? c'est qu'il n'y a aucun rapprochement possible, entre le § 41 des Institutes et l'art. 170 de la Coutume; c'est que les principes des deux droits sont complétements différents; c'est qu'enfin le système de Delaurière et de Pothier s'écroule tout entier.

Il n'a fallu rien moins qu'une habitude invétérée des jurisconsultes du XVIᵉ et XVIIᵉ siècle, pour obscurcir une question, qui ne souffrait aucune difficulté. Du Moulin n'était pas tombé dans cette erreur, et Jean Faber lui-même reconnaissait, que le droit de revendication du vendeur, tel qu'il était connu en droit romain, était inadmissible dans notre droit coutumier. Le vendeur est avant tout un créancier privilégié, et il ne peut être autre chose. C'est la conclusion à tirer de toute cette discussion ; elle pourra nous servir dans notre droit, quand il s'agira d'interpréter l'art, 2102, § 4, dont les termes sont calqués sur l'art. 170 de la Coutume de Paris (1).

Le droit de suite n'est donc autre chose, que la revendication de la possession. Ce point connu, il faut se demander quelle est l'étendue de ce droit, et à l'encontre de qui le vendeur peut l'exercer ? Il est certain, que le vendeur l'emporte sur le locateur; un arrêt du Châtelet de Paris, du 15 mars 1605, infirme en effet, des sentences du Prévôt de Paris, qui avait donné gain de cause au propriétaire de la maison. Il est facile de se rendre compte de la préférence accordée au vendeur; le locateur a pu connaître le fait de la vente, tandis que le vendeur n'a pu se mettre en garde contre les actes de son débiteur. Néanmoins, il n'est pas

(1) Voyez M. Ginouilhiac. A son cours. Avril 1867.

loisible au vendeur d'attendre trop longtemps pour faire valoir son privilége. Si le vendeur, qui n'a point donné terme, dit Claudes Ferrières, souffre que les choses soient longtemps en la possession du locataire, on pourrait en ce cas, dire, que le vendeur aurait bien voulu consentir, à ce qu'elles servent de gage et de sécurité au propriétaire. Bourjon, dans son Droit commun de la France, limite à huitaine, à partir de la livraison, l'exercice du droit de revendication. C'est là aussi l'opinion de Duplessis; elle avait, du reste, passé dans la pratique du Châtelet de Paris.

Le vendeur pouvait-il également exercer son droit de suite, à l'encontre d'un tiers acquéreur?

Il faut avouer, que l'on trouve dans nos coutumiers, les opinions les plus contradictoires, et que l'art. 176 de la Coutume, ne préjuge rien, puisqu'il suppose le *déplacement* de meubles, mais non le changement de propriété. Charondas, à la fin de ses Commentaires sur la Coutume de Paris, nous rapporte un arrêt de la Cour, autorisant le vendeur à intenter son droit de revendication, contre tout tiers detenteur; il est évident, que cette décision est due à l'influence du Droit romain; le vendeur, en vertu de la théorie examinée plus haut, restait propriétaire; il pouvait donc revendiquer, puisque l'on avait même admis la prescription triennale en matière de meubles; dans tous les cas, le fait de la revente constituait un vol et un larcin, au détriment du vendeur; et cette circonstance suffisait pour écarter l'application de la maxime : En fait de meubles, possession vaut titre.

L'influence des lois romaines n'était pas heureusement toute puissante. La coutume de Mantes, (Chap. 3, art. 657), dit expres   ent, que le vendeur ne peut exercer son droit de suite à l'égard d'un tiers acquéreur; et la coutume du grand Perche (art. 206), suppose, que le meuble a été seulement déplacé, et que le vendeur poursuit, pour le faire saisir et vendre. Le droit de revendication ne pourra être exercé qu'à l'encontre d'un commodataire, d'un dépositaire, d'un locataire, et généralement de toute personne qui ne détient pas de bonne foi, et *pro suo*, et n'a point par conséquent la saisine mobilière.

Dans le cas d'une vente à terme, le privilége du vendeur doit-il l'emporter sur les droits d'un créancier gagiste?

Bacquet (1) estime, que le vendeur doit être préféré au créancier de l'acheteur, à qui la chose a été donnée en gage, et une sentence du Chatelet de Paris, du 8 Fév. 1588 a confirmé cette opinion. De Ferrieres et Brodeau, ne sont pas du même avis, et avec raison, il semble; si le vendeur a la préférence, c'est sur les créanciers saisissants, et non point sur un créancier saisi d'avance, et, assez diligent pour s'être créé une sécurité et une assurance, que les autres n'ont pas. En donnant la préférence au vendeur, il en résulterait que la diligence du créancier, loin de lui servir, tournerait au profit du vendeur négligent. Un arrêt du 10 Mars 1587, a adopté cette doctrine, en confirmant une sentence du Prévôt de Paris.

Mais le vendeur, ne devra-t-il pas être tout au moins préféré au locateur? La solution de la question, dépend uniquement de la situation faite à ce dernier.

Peut-il, oui ou non, être considéré comme un créancier gagiste? Dans le premier cas, il sera préféré, et non dans le second. C'est cette idée, qui faisait croire à Ferrières, que la question de préférence devait dépendre de la longueur du temps, pendant lequel les meubles étaient restés dans la maison louée. Cette distinction ne saurait être acceptée; le vendeur à crédit en vertu de son seul privilége doit être préféré au locateur. La chose, est restée en la possession du débiteur, et l'on se trouve dans le cas prévu par l'article 177 de la Coutume. Du reste, il faut le remarquer, le locateur ne peut être comparé à un créancier gagiste ordinaire. Si ce dernier obtient la préférence, c'est qu'il possède réellement, c'est que la chose est

(1) Bacquet. Traité des droits de justice, chap. 21, n° 281.

sortie des mains du débiteur, et que le vendeur à terme n'a point de droit de suite pour la poursuivre; dans notre hypothèse, au contraire, le meuble est encore entre les mains du débiteur; et il ne peut y avoir parité de solutions, quoique les droits du locateur aient à peu près la même base, que ceux du créancier gagiste.

Une dernière question nous reste à examiner. Le privilége, comme le droit de revendication, porte sur l'objet vendu, il faut donc qu'il soit dans le même état. La jurisprudence du Châtelet de Paris, agissait ici avec beaucoup de rigueur. Il semble, comme dit Bourjon, qu'il y avait lieu en raison de distinguer, entre le privilége, qui s'exerce plutôt sur la valeur, que sur la chose elle-même, et la revendication, qui porte sur l'objet dans son entité. Quelque fondée, que fut cette remarque, la jurisprudence n'en persista pas moins dans sa première idée, comme nous l'atteste un passage de Bourjon (1) : Si ce sont marchandises d'épiceries, il faut, pour que le vendeur soit payé par privilége sur le prix d'ycelles, que ces marchandises se soient trouvées sous balle et sous corde, et désignées suivant la facture; cela seul pouvant assurer l'existence de l'objet du privilége.

De Ferrières nous rapporte, que l'usage du Châtelet et du Parlement était, que non seulement, aussitôt que la chose est changée, le privilége cesse, mais aussi, dès que l'acheteur l'a mise en état d'être vendue, elle est censée à lui, et le vendeur n'y a plus de droits.

Cette doctrine, comme on le voit, est des plus rigoureuses. Peut-être s'agissait-il de vente au comptant ? et alors parlait-on de la revendication ? Brodeau donne la seule décision rationnelle, en ne s'attachant pas au changement de forme, si la chose est demeurée en même corps, et même substance. Le Code Napoléon s'est conformé à cette idée, et a distingué entre le privilége et la revendication.

(1) Bourjon. Droit commun de la France, t. 1, tit. 8. Des exécutions.

CHAPITRE II.

Cause du privilége.

La vente d'objets mobiliers non payés est la seule cause efficiente du privilége ; peu importe, du reste, que l'opération ait eu lieu au comptant ou à crédit, le législateur, en empruntant l'art. 2102, § 4 aux traditions coutumières, et particulièrement aux articles 176 et 177 de la Coutume de Paris, s'est complètement écarté des idées romaines.

Maintenant, que faut-il entendre par la vente d'effets mobiliers ? Quelle est la portée et l'etendue de cette expression ? les uns prétendent, qu'il ne s'agit, que de meubles corporels ; les autres répondent, que les meubles incorporels sont compris dans les termes de la loi, et qu'en droit et en raison, il ne peut en être autrement. Subsidiairement à cette question, et en adoptant la dernière solution, on s'est demandé s'il existait un privilége, dans les cessions d'offices. Nous avons à résoudre toutes ces difficultés.

SECTION 1re

Des meubles incorporels.

En se reportant au titre de la Distinction des Biens, dans le Code Napoléon, on ne peut trop s'étonner, de l'application aux choses incorporelles de la division des biens en meubles et en immeubles. Ceci ne peut bien se comprendre, que par un retour à notre ancien droit. La distinction des meubles et des immeubles a été empruntée au droit coutumier, où elle était loin d'être générale, puisque à cette époque, les obligations formaient une classe à part de biens.

Meubles, sont les choses movables, qui peuvent se transporter d'un lieu dans un autre. Meubles viennent des héritages, ils meurent et sont des objets périssables.

Les immeubles, désignés sous le nom d'héritages, parce qu'ils peuvent faire l'objet d'une juste affection de famille ne sont poit movables, ni périssables.

Il est de toute évidence, que les choses incorporelles ne pouvaient rentrer sous de telles définitions. Ce ne fut, que sous l'influence des idées romaines, qu'on vint à les classer dans la distinction, par application de l'axiome : Est meuble, *quod tendit ad quid mobile :* Est immeuble, *quod tendit ad quid immobile.*

Ce principe une fois admis, fut loin d'être appliqué avec rigueur. La Coutume de Paris (art 94 et 95) range, en effet, parmi les immeubles, les rentes constituées, et les offices. On ne peut guère expliquer cette dérogation, que par l'importance de ces sortes de biens, et par le désir de nos anciens coutumiers, de les soumettre aux règles, qui régissaient les immeubles, surtout en matière de succession et de communauté. Aujourd'hui, ces fluctuations de la doctrine ne sont plus possibles. Les créances, les obligations, les actions, qui ont pour objet des sommes exigibles ou des effets mobiliers, les actions ou intérêts dans les compagnies de finances, de commerce et d'industrie, les rentes perpétuelles ou viagères, soit sur l'Etat, soit sur les particuliers, les offices, les fonds de commerce, la propriété littéraire (1), tous ces biens rentrent dans la classe des meu-

(1) Ce sont là, disait Pothier (Traité des choses, art. 2, § 2 et Traité de la communauté), des biens d'une nature très *singulière* et très *extraordinaire.*

Ces biens sont, en effet, incorporels jusque dans leur substance et leur objet, à la différence des autres droits qui s'appliquent à un objet corporel quelconque. Ces biens ne peuvent donc être qualifiés, que d'après la nature des avantages qu'ils sont susceptibles de procurer. Ces avantages sont des valeurs pécuniaires. En conséquence, le droit lui-même est meuble.

Demolombe. Distinction des biens, t. 1, 437.

bles, et sont dits meubles incorporels, ou par détermination de la loi.

On s'est demandé, si dans les ventes ou cessions, intervenant à propos de ces biens, il existait un privilége. A priori il n'y a aucune raison, pour refuser au cédant d'une créance, ce que l'on accorde à celui qui vend un mobilier par exemple. La situation des créanciers ne saurait être meilleure dans un cas, que dans un autre ; car après tout s'ils se présentent au concours sur le prix de la chose, n'est-ce pas justement à raison de l'achat de leur débiteur ? Et s'ils ont quelques droit ne les tiennent-ils pas de ce vendeur, qui ne s'est dessaisi, que dans l'espoir d'être payé bientôt.

D'ailleurs, l'opinion de ceux qui refusent le privilége, en matière de meubles incorporels, est inadmissible en présence de l'art. 535 du Code Napoléon, où il est dit, que l'expression, *Effets mobiliers*, comprend aussi bien les meubles par détermination de la loi que les meubles par nature. Il faut donc prendre la définition du législateur et n'en point chercher d'autres.

En vain objecterait-on, que d'après les termes de l'article 2102 § 4, le législateur a entendu parler de meubles corporels? Autre est la position des tiers acquereurs, autre la position des créanciers. Si l'on parle de possession, c'est qu'il fallait bien prévoir le conflit du vendeur avec des tiers détenteurs; c'est qu'il fallait s'expliquer en face de la maxime : en fait de meubles, possession vaut titre, maxime qui embrasse les meubles corporels et des droits réels mobiliers, comme l'usufruit d'un meuble , le gage, qui admettent une possession (art. 2228 C. Nap.). En droit et en raison le privilége doit être étendu aux ventes ou cessions d'objets incorporels. Les textes ne distinguent pas; la qualité de la créance est la même dans les deux cas. Voilà des raisons suffisantes, pour justifier une jurisprudence à peu près unanime (1).

(1) *Lex non distinguit.* 535. Ctn. 527-529. C N. — Aubry et Rau, t. 2,

SECTION II.

Des Offices.

On peut dire que, dans un sens large, l'office est tout titre qui donne le droit d'exercer quelque fonction ou charge publique. Ce bien rentre dans la classe des meubles incorporels; nos anciens coutumiers le rangeaient au contraire parmi les immeubles.

L'application du privilége, en matière de cessions d'offices, a soulevé de grandes difficultés; et il faut bien l'avouer, les bonnes raisons n'ont point manqué de part et d'autre.

La question d'ailleurs est du plus haut intérêt au point de vue de l'ordre public et de l'ordre privé; il faut ajouter qu'elle n'est possible qu'en admettant l'extension du privilége aux meubles incorporels. Des élément nouveaux et particuliers à la nature de l'office, viennent alors, jeter des doutes sérieux dans les esprits; il s'agit de savoir si l'on doit s'y arrêter, ou, si en les surmontant, on doit déclarer, que le titulaire sortant d'un office cédé, a un privilége pour la garantie de la somme, qu'il a stipulée du titulaire nommé, sur sa présentation.

Quelle est la nature du droit en question et quels sont les caractères d'une cession d'office? C'est ce qu'il faut tout d'abord examiner.

Au point de vue des transactions privées, l'office n'est

§ 201, n° 52. Valette, n° 86. Pont, 142. Dalloz. Repertoire, V°. Priviléges et hypothèques, § 337.

Sirrey. 28, 1, 12. Cession de créance.

Sirrey. 34, 2, 87. — 33, 2, 80. Cession d'un fonds de commerce.

Sirrey. 31, 1, 74 — 33, 2, 112 — 51, 2, 102 — 51, 2, 259. Cession d'office.

Contra. Mourlon. Examen critique du commentaire de M. Troplong. Persil, sur l'article 2102, § 4. n° 4. Cour de Paris, 18 mai 1825. Sirrey. 33, 2, 594. Sirrey. 48, 2. 69.

plus aujourd'hui ce qu'il était autrefois, ce qu'il était surtout avant 1780. Dans notre ancien droit, la vénalité des offices existait depuis l'ordonnance du 21 octobre 1467; elle ne fut que la conséquence de leur irrévocabilité. Louis XII vendit le premier les offices de finance, à l'imitation de ce qui se passait depuis longtemps déjà, en matière de bénéfices ecclésiastiques.

François Ier le suivit dans cette voie, et cela alla si loin, qu'il érigea, comme dit Loyseau, boutique à cette nouvelle marchandise. En 1583, l'hérédité de l'office fut constituée par l'extension à la veuve et aux enfants de la famille de la famille de présentation. Enfin, l'édit de Paulet, rendu le 12 décembre 1604, reconnut définitivement la propriété de l'office aux titulaires, en permettant, moyennant finance, le rachat de l'obligation de survivance (1). L'office ainsi constitué, avec le triple caractère de perpétuité, de vénalité et d'hérédité, prit place dans le patrimoine de l'individu. En conséquence, on pût le transmettre, soit entre vifs, soit à cause mort. Toutefois, dès cette époque, apparaît une distinction, bien plus marquée aujourd'hui, entre la finance et le titre, entre le contrat de vente et la procuration *ad resignandum*. Dans les rapports du résignant et du résignataire, intervenait une véritable vente génératrice d'obligations réciproques, munies, d'une part, de l'action en garantie, et de l'autre, du privilége. Ce n'était point l'office en lui-même, portion de la puissance publique qui était transféré, c'était le droit à l'office.

La vénalité et l'hérédité des offices disparut dans la nuit du 4 août 1780. En même temps, l'Assemblée Constituante eut à s'occuper de l'indemnité à donner aux titulaires des

(1) Avant cet édit la clause suivante était toujours insérée dans les provisions des offices : pourvu que le résignant vive quarante jours après la date des présentes ; ce qui empêchait les transmissions à cause de mort.

Cette règle avait été empruntée aux bénéfices ecclésiastiques (de Hericourt. Lois Ecclésiastiques, 2° p. chap. 14, 27).

offices, ainsi expropriés pour cause d'utilité publique;
mais, ce remède fut insuffisant, l'État pouvait disposer du titre, et non de la clientèle; de là, un commerce
clandestin, qui rétablit en fait la vénalité des charges.
Dès-lors, il valait mieux régler législativement un pareil
état de choses. Une loi du 28 avril 1816, tout en augmen-
tant le chiffre du cautionnement, donna à tous les titulaires
le droit de présenter des successeurs à l'agrément du Che
de l'État (1). Ainsi la vénalité fut rétablie, mais non plus
avec les mêmes caractères qu'autrefois. Avant 1780, le
titulaire ne pouvait être dépossédé, que par une sentence
en justice, et le roi ne pouvait disposer de l'office, que
suivant le gré du titulaire. Il n'en est plus de même aujourd'hui; l'État a un droit de contrôle beaucoup plus
actif et beaucoup plus libre. Comme propriété privée, la
condition de l'office a bien changé. S'il est transmissible,
il n'est plus saisissable, et échappe à l'action des créanciers. Mais faudrait-il aller jusqu'à dire, que le droit de
présentation ne peut être exercé par les créanciers, en
vertu de l'art. 1166, et après subrogation judiciaire, dans
le cas de négligence des héritiers du titulaire? Ce n'est
pas à croire; il serait difficile de distinguer entre les
héritiers et les créanciers (2). L'art. 91 de la loi de 1816,
en annonçant la réglementation d'un droit, en reconnaît
par là même l'existence; et si la jurisprudence de la Chancellerie est contraire à cette idée, c'est qu'elle ne voit,
dans la faculté de présentation, qu'un droit purement personnel. En partant au contraire du point de vue de la
Cour de Cassation, on ne peut trouver la raison, d'une

(1) L'art. 91, de la loi des 28 avril, 4 mai 1816, comprend les avocats
à la cour de cassation, les notaires, avoués, greffiers, huissiers, agents
de change, courtiers, commissaires-priseurs.

(2) Contra. Un remarquable rapport du conseiller Laborie, sur un
pourvoi formé par le procureur général dans l'intérêt de la loi.

Dalloz. 1854. 1. 171. En notre sens. Dalloz. Repertoire v° offices,
§ 93 et 94.

différence à établir entre les héritiers et les créanciers (1).
D'ailleurs, les créanciers ne sont-ils pas des ayant-cause
et par là même compris dans la loi?

Quoi qu'il en soit, il s'agit de savoir, quel est au fonds
le droit des titulaires sur les offices depuis la loi de 1816.

Le droit de présentation, souvenir de l'ancienne finance,
du régime de la vénalité, constitue une valeur pécuniaire,
faisant partie intégrante du patrimoine, dans le commerce,
et partant aliénable; il faut ajouter, que c'est un droit de
propriété *sui .generis*, soumis à des restrictions suffisamment justifiées par le caractère forcé du ministère des
offices, et par la délégation du pouvoir public, sur la tête
du titulaire.

La transmission de l'office constitue une opération à
double face : d'un côté, intervient un acte de cession sur-
veillé par l'État depuis 1816; de l'autre, la présentation
d'un successeur à l'agrément du chef de l'État. La nomination du successeur présenté, joue le rôle d'une
condition suspensive vis-à-vis du contrat privé. Mais
l'acte de cession, n'en reste pas moins sous l'application
des règles ordinaires, en tant qu'elles ne contrarient point

(1) D'après Merlin (quest. hypoth., § 4, n° 4), tout droit, transmissible aux héritiers ou cessible, peut être exercé par les créanciers.,

Il y a là une erreur juridique; il n'y a point de relation nécessaire
entre l'exercice des droits par les créanciers, et la cessibilité ou la transmissibilité. Ainsi l'action en *dom int*, pour crimes ou délits contre
la personne, est cessible, et cependant elle ne peut être exercée par
les créanciers. De même, l'action en révocation, pour cause d'ingratitude, est transmissible sans tomber sous l'application de l'art. 1166.

Cette observation n'est pas de nature à infirmer notre décision. Car
en présence du texte de l'art. 91, de la loi de 1816, nous pouvons dire
que le droit transmissible est également susceptible d'être exercé par les
créanciers du titulaire décédé, en vertu de l'art. 1166. La loi emploie
fréquemment le mot *ayant-cause* et, suivant son acception ordinaire, il ne
désigne que les successeurs particuliers. C'est pour cela que le législateur se sert cumulativement des termes *représentants* et *ayants-cause* ou
héritiers et *ayants-cause*. Comparez. art. 137, 1132 et 1322.(N)

les exigences de l'ordre public. En conséquence, la cession
constitue un contrat de vente, engendrant, comme tout
contrat synallagmatique, des obligations réciproques. Le
cédant est tenu à la délivrance et à la garantie. La délivrance consistera, dans la présentation du cessionnaire à
l'agrément du Gouvernement, et la garantie, dans l'abs-
tention de tous les actes de nature à diminuer les avantages conférés au nouveau titulaire par le traité. C'est à
l'obligation de garantie ainsi entendue qu'il faut rattacher l'application de l'art. 1641 (1) aux cessions d'offices.
Le cessionnaire à son tour, est obligé : 1° d'accepter sa nomination, à moins qu'il ne préfère encourir des dommages-
intérêts ; 2° de payer le prix de la cession.

Quelles sont alors les garanties affectées au cédant non
payé ?

Toutes celles qui ne sont pas contraires à l'ordre public ;
Ce qui exclut : 1° le droit de retention ; 2° le droit de revendication ; 3° l'action en résolution. Reste le privilége établi par
l'art. 2102 § 4, et rien ne s'oppose à son application. Si l'on
comprend, qu'un office ne puisse sortir des mains du titulaire, pour y rentrer ensuite au gré des intérêts privés, on
ne comprendra jamais, que le cédant ne puisse jouir d'un
droit de préférence, sur le prix de la revente de l'office, à
l'encontre des créanciers de son successeur. Car, c'est à ce
droit seul, que se réduit son privilége ; la substitution dans
le gage, du prix à la chose, est une conséquence forcée de
l'insaisissabilité de l'office.

(1) Jugement du tribunal de la Seine, du 22 mai 1830. Arrêt de la
cour de Caen, du 22 juillet 1837.

D. P. 48, 2, 50. D. P. 50, 2, 115. D. P. 51, 2, 159. D. P. 52, 2, 507.
D. P. 61, 2, 159.

La jurisprudence est constante en ce sens. L'action en réduction de
prix est possible s'il y a découverte d'un défaut caché, telle que la déconfiture ou la faillite du cédant, survenues peu de temps après l'installation
du cessionnaire. L'art. 1642 est également applicable.

En définitive notre démonstration peut se réduire à ces trois termes :

1° Le droit de présentation constitue une valeur pécuniaire, partie intégrante du patrimoine et susceptible d'aliénation.

2° La cession constitue un véritable vente, à laquelle sont applicables les règles du droit commun (1).

3° Le privilége du cédant n'est en aucune façon contraire aux exigences de l'ordre public.

On s'est élevé avec force contre ces propositions ; mais elles ne nous en paraissent pas moins incontestables. Les objections ne nous semblent, en effet, reposer que sur des confusions et des erreurs.

On a dit, par exemple, que l'office n'était pas un bien, que ce n'était pas un effet mobilier, une chose vendable et commerçable, que le droit de présentation ne constituait qu'une simple prérogative et qu'un accessoire de l'office, à la nature duquel il participe. Un pareil système ne saurait être accepté, en présence de la transmissibilité du droit de présentation aux héritiers du titulaire. Aussi son auteur l'a-t-il bien compris, quand il ajoute, que, s'il y a un droit privé distinct de l'office, c'est du moins un droit *sui generis*, auquel ne peut convenir, ni la qualification de meuble, ni celle d'immeuble.

Nous ne disconvenons pas, que l'application de la distinction ait quelque chose de bizarre, mais n'en est-il pas de même pour tous les meubles incorporels? Du moment

---

(1) Voyez, en notre sens, Durand : Des offices considérés au point de de vue des transactions privées et des intérêts de l'Etat, § 215-246. Aubry et Rau, § 261, note 55 et 56. Pont. Des Priviléges et hyp. 143 : La jurisprudence admet aussi généralement que le prix de revente d'un office est frappé d'un privilége au profit du vendeur originaire.

D. P. 47, 2, 180. D. P. 52, 2, 33. D. P. 53, 1, 185. D. P. 54, 2, 250. D. P. 57, 1, 310.

Voyez en sens contraire : D. P. 48, 2, 1. D. P. 50, 2, 122. Mourlon. op. cit. n° 124.

que le législateur a cru devoir ranger parmi*les meubles , de simples fictions juridiques, comme les droits, il serait puéril, de ne pas vouloir comprendre les offices dans cette catégorie ; car après tout, le droit pécuniaire en question, n'est-il pas essentiellement mobilier ? N'est-ce point une créance que l'on se passe aussi de main en main ?

Dans une autre théorie , le même auteur (1) trouve une objection plus sérieuse. Il n'y a pas de privilége, parce qu'il n'y a pas de vente ; la cession d'offices n'est qu'un contrat surnommé *facto ut des*, selon l'expression romaine.

Il faut avouer, que le terrain choisi par nos contradic-teurs est ici plus solide. En renonçant à mettre les offices, au niveau de toutes *les aptitudes, dont se compose la personnalité de l'homme*, ils ont laissé de côté les para-doxes, pour soutenir un raisonnement plus juridique. Le cédant, dit-on, ne s'engage qu'à présenter son successeur à l'agrément du chef de l'Etat ; c'est bien là un fait person-nel. Oui, peut-on répondre, il s'agit d'une obligation de faire, mais quelle est la vente où l'on ne retrouve pas cette obligation ! le vendeur ordinaire n'est-il pas toujours tenu à la délivrance ? Et comment execute-il son obligation dans une vente d'immeubles, par exemple ? En mettant l'a-cheteur en possession de l'objet vendu. Eh bien ! le cédant ne fait pas autre chose. Qu'à-t-il cédé ? Le droit exclusif d'exercer des fonctions lucratives après une nomination; comme l'auteur cède à son éditeur, en matière de pro-priété littéraire, le droit exclusif de reproduire l'ouvrage. Comment fera-t-il délivrance ? En présentant le cession-naire pour son successeur.

Ainsi, est établie une analogie parfaite entre une vente ordinaire et la cession d'offices. La théorie opposée ne peut plus subsister, à moins que l'on ne veuille transformer toutes les ventes, en contrats innommés. Les trois propo-

(1) M. Mourlon, Examen critique du Commentaire de M. Troplong, 124. Duvergier, Vente, I. 208.

sitions formulées plus haut, ne sont donc pas ébranlées ; elles ont d'ailleurs reçu la consécration de la jurisprudence et de la pratique, qui n'hésitent plus aujourd'hui, à reconnaître un privilége, en matière de cession d'offices (1).

CHAPITRE III.

De l'objet du privilége.

Tout droit réel se décompose : 1° en un droit de préférence, 2° en un droit de suite, de sorte que celui qui en est investi, est à la fois garanti contre les autres créanciers, et contre les tiers acquéreurs. Le privilége du vendeur d'effets mobiliers non payés paraît, au contraire, dépourvu d'un droit de suite, puisque l'objet doit être encore en la possession du débiteur, aux termes de l'art. 2102, § 4. Pourquoi cette exception à la règle commune et quelles en sont les raisons ? Il convient de remarquer, que la même situation est faite à tous les priviléges sur les meubles ; par conséquent, il y a plus qu'une exception, il y a application d'une autre règle, qu'il faut aller chercher dans l'art. 2279 C. N. : En fait de meubles, possession vaut titre. Voilà le principe, dont l'origine nous est déjà connue.

Le législateur, en transportant dans notre droit l'ancienne règle : Meubles n'ont point de suite, a voulu assurer la rapidité des transactions mobilières, en attribuant à la

---

(1) La créance privilégiée doit-elle résulter d'un acte antérieur à la cession et en établissant régulièrement les conditions ? La cour de cassation tient pour l'affirmative, quoique la chancellerie proscrive la clause de réserve du privilége en faveur du cédant. Sirrey. 43, 1, 121.

Dalloz. Dans son Répertoire. v. office, § 338, fait remarquer, que cette notion est inadmissible. Les priviléges, en effet, sont établis par la loi et non par des conventions.

Néanmoins Pont, op. cit, n° 148. Aubry et Rau, § 261, n° 33, adoptent la solution contraire.

possession de bonne foi et à juste titre, souvenir de l'ancienne saisine possessoire, les effets de la propriété elle-même.

En face de la maxime, la condition de l'art 2102, § 4, est des plus simples ; et quand il est dit, que le privilége porte sur l'objet vendu, s'il est encore en la possession du débiteur, ceci revient à dire, que les meubles n'ont point de suite par privilége ; la loi règle le conflit qui pourrait s'élever entre le vendeur originaire et les sous-acquéreurs (1) ; mais elle laisse de côté la question de préférence, qui naîtra du concours du vendeur et des créanciers du premier acheteur, sur le prix de la revente. Car, en définitive, si le privilége repose sur la chose elle-même, il ne s'exercera jamais que sur son prix ; le vendeur ne prétend pas ravoir sa chose, il veut obtenir l'équivalent, qu'il s'était proposé dans la vente, c'est-à-dire, le paiement du prix. Il n'est donc pas difficile de s'apercevoir, que la saisie et la vente aux enchères seront le mode normal et régulier, d'arriver à la réalisation du prix ; mais il peut n'en être pas toujours ainsi, et nous allons passer en revue différentes hypothèses, où le privilége sera mis en exercice, sans user de ces voies de rigueur.

SECTION Iʳᵉ

Vente à l'amiable.

Le privilége existe, aussi bien sur le prix provenant d'une revente à l'amiable, que sur celui, qui serait le résultat d'une saisie (2).

---

(1) Troplong. Traité des hypothèques, t. 1, 101, n° 184 bis. Duvergier. Journal Le Droit, 31 mars 1855.

(2) Pont. Traité des priviléges et hypothèques, n° 140. Mourlon, op. cit., n° 119.

M. Poubelle, à son cours, 16 mai 1866.

Contra, Valette, t. 1, n° 86 ; Persil. 2102, § 4, n° 1.

Voilà une proposition qui paraît incontestable, en présence des principes exposés plus haut ; pourtant elle a été vivement attaquée ; on a dit notamment que le vendeur créancier du prix de la revente, n'avait plus l'objet en sa possession, et qu'alors le privilége du vendeur originaire était éteint. S'il en était ainsi, le vendeur ne pourrait jamais exercer son privilége, puisqu'il se présente dans tous les cas, sur le prix de la revente. Et l'acheteur débiteur du prix, n'est-il pas aussi bien dessaisi au cas de vente aux enchères que de vente à l'amiable ? L'objection n'est donc pas sérieuse, puisque, sous prétexte de violer la loi, elle irait directement contre elle.

D'ailleurs, la distinction fondamentale posée entre le droit de suite et le droit de préférence, est de nature à nous expliquer d'une façon logique et rationnelle les termes de la loi. Deux conflits étaient possibles : l'un entre le vendeur originaire et les sous-acquéreurs ; l'autre, entre le même vendeur et les créanciers de l'acheteur. Entre les premiers, de quoi s'agit-il ? d'une question de droit de suite, d'une saisie de   pratiquée, entre les mains du sous-acquereur, par un créancier privilégié. La loi repousse un tel conflit, comme préjudiciable au commerce des meubles, et à la rapidité des transactions : Meubles, dit-elle alors, n'auront pas plus de suite par privilége, qu'ils n'en ont par hypothèque (2110) ou par propriété (2279). La question soulevée entre le vendeur originaire et les créanciers de l'acheteur, est toute autre. Qui sera préféré sur le prix encore dû et en distribution ? le vendeur. Et cela se comprend, d'autant mieux, que la position des créanciers n'est pas la même que celle des tiers-acquéreurs. Depuis quand, pourraient-ils se mettre à l'abri de l'article 2279, pour invoquer un droit souverainement injuste, et qui ne conduirait à rien moins, qu'à la négation absolue de tout privilége.

Toutes ces injustices et ces contradictions disparaissent, en reconnaissant au vendeur, le droit d'être colloqué à son

rang, sur le prix de la revente. Le tiers-acquéreur n'aura
point à souffrir de sa présence. Que lui importe, de s'ac-
quitter entre les mains de son vendeur, ou entre
celles des créanciers de ce dernier. On objecte que les créanciers chirographaires pourraient souffrir des conditions
plus ou moins favorables d'une revente à l'amiable. Mais
en vérité, c'est là une situation qu'ils ont acceptée d'a-
vance ; le débiteur n'est, après tout, que leur mandataire ;
ils doivent en supporter les conséquences. Du reste, en
voulant trop protéger les créanciers chirographaires, on
finirait par leur nuire. Les frais d'une saisie sont considé-
rables, et une saisie immédiate serait inévitable, si la revente à l'amiable, devait emporter extinction du privilége.

La même théorie est applicable aux cessions d'offices.
La revente de l'office ne fait pas plus obstacle à l'exercice
du privilége, que ne le ferait la revente de tout autre objet
mobilier. Il n'est pas inutile de démontrer, en passant,
qu'avec l'opinion contraire, on arrive à la négation de
tout privilége en matière de cession d'offices. Ces biens, en
effet, ne sont pas susceptibles d'être vendus aux enchères,
et le privilége ne frapperait jamais, que le prix d'une revente à l'amiable. Car, si l'Etat intervient dans ces traités,
ce n'est que pour empêcher les exagérations du prix, et
jamais pour protéger les intérêts du cédant. Aussi, ne
faut-il pas s'y tromper? Dire que le privilége ne se reporte
point sur le prix de la revente, c'est affirmer en même
temps que le privilége n'existe pas dans les cessions d'offices. Ces deux idées sont corrélatives et inséparables (1).

(1) La cour de Nancy (D. P. 30, 2, 122), tout en proclamant l'existence du privilège, en matière de cessions d'office, a décidé, que le
prix de la revente ne pouvait être affecté par préférence à la créance du
premier vendeur.

Cet arrêt n'aboutit, après tout, qu'à la négation du droit dont il reconnaît l'existence, puisque l'office est insaisissable.

M. Valette n'accepte pas cette conséquence; la cession des offices n'a
pas lieu à l'amiable à raison du droit de contrôle de l'Etat.

Le privilége du vendeur d'effets mobiliers non payés, une fois admis sur le prix de l'objet revendu à l'amiable, il y a lieu de se préoccuper de sa conservation. L'objet du privilége, c'est la créance qui se trouve dans le patrimoine du débiteur. Le paiement du prix, en éteignant la créance, ferait, du même coup, disparaître le privilége qui y est attaché. Dès lors, on s'est demandé s'il n'était pas possible au vendeur originaire, d'empêcher la reception du prix, au moyen d'une saisie-arrêt pratiquée entre les mains du sous-acquéreur.

Il faut, sur ce point, distinguer entre la vente au comptant et la vente à terme. Dans le premier cas, il n'y a aucune difficulté, à admettre la saisie-arrêt ; et, dans cette hypothèse, le privilége continue à subsister, si le paiement a été effectué, malgré les oppositions faites entre les mains du second cessionnaire, pour la conservation des droits du vendeur primitif.

Dans le second, la question est des plus délicates ; l'importance des intérêts en jeu nous fait un devoir de l'approfondir.

Qu'est-ce donc que la saisie arrêt ? C'est à la fois une *mesure conservatoire* et *un acte d'exécution* ; mesure conservatoire, en ce sens qu'il y a une main-mise de la chose sous la justice, et une impossibilité radicale, pour le saisi, de disposer de la chose au préjudice de l'opposant : acte d'exécution, parce que le résultat de la saisie-arrêt, c'est d'obtenir satisfaction, c'est-à-dire paiement, après le jugement de validité sur une chose, qui n'est plus en la possession du débiteur. En conséquence, toute saisie-arrêt suppose une créance certaine, liquide et exigible (1).

Il est difficile de contester ces caractères généraux de l'opposition, et il est certain, qu'une obligation à terme n'est pas un titre suffisant pour autoriser le créancier à

(1) Dalloz. Répertoire v°, Saisie-arrêt, § 72.
Chauveau sur Carré, t. 4, p. 551.

pratiquer une saisie-arrêt, avant l'échéance(1). Si en principe, la procédure ne paraît être qu'un acte conservatoire, il ne faut pas oublier, qu'elle se transforme nécessairement en un acte d'exécution, dans sa tendance et ses résultats.

Après quelques hésitations, ce point a été reconnu par ceux qui soutiennent que le vendeur à terme a, dans tous les cas, le droit de saisir-arrêter. Mais alors, on a voulu voir dans le fait de la revente, une circonstance de nature à entraîner déchéance du terme. Le raisonnement est des plus simples. Tout débiteur, d'après l'art. 1188, perd le bénéfice du terme, lorsque par son fait il a diminué les sûretés, qu'il avait données par le contrat à son créancier. Or, par le fait de la revente, le privilége, sûreté particulière donnée au vendeur, est tellement compromis, que son existence dépend dorénavant d'un fait complètement indépendant du créancier privilégié.

Ceci est, je crois, aller trop loin. Le privilége n'est pas une de ces sûretés particulières données par le débiteur à son créancier ; il dérive uniquement de la loi ; il n'a pas été sous-entendu au contrat, et on ne peut le considérer comme une condition tacite du terme obtenu par le débiteur. On n'est donc plus dans l'hypothèse prévue par l'art. 1188, et le fait de la revente ne peut entraîner déchéance du terme. Dès lors, le vendeur à crédit, quoique privilégié, ne peut faire opposition (2).

En face de cette solution, on s'est rejeté sur des raisons d'inconvénients. Refuser le droit de saisir-arrêter, a-t-on dit, c'est rendre illusoire le privilége du vendeur, si l'acheteur peut au moyen d'une revente précipitée, dépouiller son ayant-cause de toutes les garanties que la loi lui a accordées. Il est vrai ; mais n'est-ce pas là un résultat, qui découle forcement de l'état de choses créé par le

(1) 1186, C. N. Contra. Sirey. 17 2, 85.
(2) Mourlon, op. cit, n° 120, 2°.

7

contrat ? Pourquoi le vendeur a-t-il suivi la foi de
l'acheteur ? S'il avait quelque méfiance, il fallait qu'il
traite au comptant. On insiste en disant, qu'il n'est pas
toujours facile de traiter ainsi, et que, particulièrement en
matière d'office, un tel procédé serait de nature à écarter
toutes les candidats honnêtes, laborieux, mais sans fortune,
et qui. comptent trouver dans leur travail des ressources
suffisantes pour payer leur charge. Ce reproche est fondé,
il faut le reconnaître ; mais est-il suffisant pour ébranler
notre solution ? Non certainement et, ce n'est pas la première fois, que l'on a voulu ainsi triompher de la rigueur
de la loi.

D'ailleurs, en fait, on a cherché à remédier à l'inconvénient signalé, en autorisant le titulaire, à faire notification
du traité à la chambre syndicale de l'ordre et de la corporation (1). Si on refuse la saisie-arrêt au vendeur privilégié, avant l'échéance du terme, on ne lui dénie pas
pour cela son privilége ; et il pourra l'exercer au cas de
concours, en présence d'autres créanciers de l'acheteur (2).
La saisie fait alors supposer l'insolvabilité et la déconfiture (3) (1188).

Ainsi peut-on répondre aux arguments les plus pressants
de la théorie adverse. Mais la partie juridique de la démonstration reste inébranlable. Celui qui a un terme a le
droit de ne pas payer avant l'échéance. Or, la saisie arri-

---

(1) La chambre syndicale peut, dans cette hypothèse refuser délivrance à l'acheteur du certificat de moralité et de capacité qu'il requiert.
Mais cette question est laissée à l'arbitrage de la chambre de disci-
pline.

(2) Voyez en ce sens D. P. 49, 2, 190. Contra. C. Paris. 1er décembre 1840. Dalloz, report. Offices, § 348. D. P. 47, 2, 180 D. P. 45,
4, 371. D. P. 50, 2, 148.

(3) Il y a assimilation de la déconfiture à la faillite. *Ubi eadem ratio,*
ibi idem jus esse debet. M. Mourlon ajoute avec raison, que la saisie doit
rendre la déconfiture constante. C'est là, d'ailleurs, une question de fait
laissée à l'appréciation du juge.

verait à la consignation des fonds arrêtés, c'est-à-dire au paiement. Donc, impossibilité de saisir-arrêter, à moins de déchéance du terme, et il n'est pas permis de voir une telle déchéance dans le fait de la revente.

SECTION II.

Reventes successives.

Le privilége doit-il être restreint au prix de la première revente, ou bien au contraire, ne faut-il pas l'étendre à celui des reventes successives ?

La controverse est des plus vives. Les uns (1) prétendent qu'il n'y a aucune raison de distinguer entre le prix d'une première revente, et le prix de reventes ultérieures, qu'il ne s'agit, que d'une question de préférence, et que dès lors l'article 2103, doit être appliqué par analogie. Les autres (2) répondent, qu'un pareil résultat ne pourrait se justifier sans droit de suite, que le second cessionnaire n'a plus la chose en sa possession, et que le vendeur originaire se trouverait en présence de tiers acquéreurs.

En face de vrais principes juridiques, quelle est la valeur de ces argumentations contradictoires ? C'est ce qu'il nous faut examiner.

Avant tout, précisons l'hypothèse. Primus le vendeur originaire se présente sur le prix d'une troisième revente ; deux vendeurs successifs également non payés le séparent de Quartus dont le prix est en distribution.

---

(1) Pont. op. cit. n° 150. Eug· Durand. op. cit. n° 246. Mourlon. Examen critique, n° 121. Duvergier, Droit, 31 mars, 2 avril, 1853. — Valette op. cit. n° 116, (hypothèse d'une vente de choses corporelles.)

D. P. 38, 2, 110. D. P. 40, 2. 86.

(2) Aubry et Rau, t. 2, § 261, note 59 et 62.

M. Poubelle, à son cours, 16 mai 1866. Jurisprudence de la Cour de Cassation.

D. P. 50, 1, 377. D. P. 47, 2, 181. D. P. 54, 2, 148. D. P. 55, 2, 295.

Quelle sera la position de Primus ? De deux choses l'une :
ou il invoque ses droits propres et personnels, en sa qualité
de vendeur non payé, ou il se prétend l'ayant-cause de
Secundus, son successeur immédiat. Dans le premier cas,
il ne manquera pas d'être repoussé par les créanciers de
Tertius ; dans le second par ceux de Secundus.

Première hypothèse. — Le droit de préférence est un
droit réel opposable à la masse des créanciers d'un débiteur commun. En conséquence, le privilége du vendeur
originaire ne peut être exercé à l'encontre de Tertius et
de ses créanciers ; car, si Quartus est le débiteur de Tertius, il n'est en aucune façon l'obligé de Primus. Le
conflit supposerait donc l'existence d'un droit de suite.
Il n'y a pas de débiteur commun, il n'y a pas de créanciers concourants ; dès lors, il n'est pas question de préférence ; et Primus ne peut invoquer son privilége (1) (2101
§ 4. 2270).

Et ici, qu'on ne vienne pas argumenter par analogie de
l'art. 2103 § 1. Si les reventes successives ne préjudicient
pas aux droits du premier vendeur, c'est qu'en matière
immobilière le privilége est muni d'un droit de suite, c'est
que le vendeur est à la fois protégé contre les créanciers
et les tiers acquéreurs. Loin donc de pouvoir servir à l'extension de notre privilége, l'art. 2103, fait saisir la différence de position entre le vendeur de meubles, et celui
d'immeubles, et nous fournit ainsi un argument à contrario,
qui devient invincible en présence de l'art. 2279. En matière de meubles, le tiers acquéreur est aussi bien garanti
contre l'exercice d'un droit réel quelconque, qu'il le serait
contre l'action en revendication, du propriétaire lui-
même.

___

(1) Le vendeur originaire n'est même pas dans les termes de l'article 2102, § 4. La créance du prix en distribution, n'est plus, en effet, dans
le patrimoine de son débiteur, puisqu'elle appartient à un retrocédant ulté-
rieur.

En résumé, la position du vendeur originaire n'est plus la même, après deux reventes successives ; les créanciers disparaissent, pour faire place à des tiers acquéreurs, et la question de droit de suite, se substitue à la question de préférence.

2ᵉ *Hypothèse.* — Le vendeur primitif en renonçant à ses droits se présente-t-il sur le prix, comme l'ayant-cause de Secundus, et en vertu de l'art. 1166? L'exercice de son privilége ne soulèvera pas moins de difficultés que dans le cas précédent.

S'il y a un principe certain en droit, c'est celui-ci : Le créancier qui exerce les droits de son débiteur, agit dans l'intérêt commun, et le bénéfice de l'action exercée du chef du débiteur, n'appartient exclusivement à personne; mais se partage au marc le franc, entre tous les créanciers qui se présentent à temps, à moins qu'il n'y ait entre eux quelque cause légitime de préférence (1) (art. 1166, 2093, C. N).

Primus, agissant au nom de son débiteur, se verra forcé de laisser le prix dans le patrimoine de Secundus, pour servir de gage commun à tous les créanciers. A ce moment, pourra-t-il invoquer une cause légitime de préférence? Cela lui serait assez difficile. Le privilége du vendeur mobilier n'existe, en effet, que tout autant, que la chose ou la créance du prix se trouve insérée dans les biens du débiteur. Or dans l'hypothèse, ni la chose, ni la créance ne font partie de ce patrimoine. La chose est entre les mains de Quartus, troisième sous-acquéreur, et la créance n'existe plus, puisque Secundus est satisfait, et a reçu paiement. Le privilége de Primus est bien éteint. La possession de la chose, ou de la créance du prix, par son débiteur, n'est-elle pas, en effet, une condition sine qua non de l'exercice du privilége? Simple créancier chirographaire, le vendeur originaire viendra donc au marc le franc avec

(1) Larombière, théorie et pratique de obligations, 1116, nº 24.

les autres créanciers de Secundus. C'est là, la conclusion inévitable detout notre raisonnement.

Mais, il nous faut parler d'une autre théorie très ingérieuse qui, tout en reconnaissant, que le prix de la dernière revente échappe complètement au privilége du vendeur originaire, trouve néanmoins dans la saisie-arrêt, un moyen facile et commode d'arriver indirectement à l'exercice du privilége, sur les deniers provenant de la dernière revente (1).

Il est certain, qu'en raison, l'extension du privilége paraît juste et équitable; d'un côté, les créanciers des cessionnaires successifs n'ont pas dû compter sur la valeur de la chose, tant que le prix n'a pas été payé par leur débiteur; de l'autre, ce serait rendre illusoire le privilége du vendeur, que de le limiter à la première revente. Ajoutons qu'il est toujours difficile de traiter au comptant surtout en matière de cession d'offices; et si l'existence du privilége est soumise à de telles éventualités, on en viendrait à faire de la richesse la première aptitude, pour bien remplir les fonctions publiques.

Evidemment, ce serait là un résultat déplorable, aussi comprend-on, qu'en face d'une pareille situation, on ait cherché à justifier en droit, ce qui paraissait raisonnable en équité.

En nous replaçant dans l'hypothèse précédente, nous savons, que Secundus a conservé son privilége sur le prix dû par Quartus, puisque à son égard, il n'y a eu qu'une revente à l'amiable. En conséquence, Secundus fait saisie-arrêt sur le prix, pour la conservation de son privilége; et, il y a affectation de la somme au paiement de sa créance; cette somme peut être assimilée en tous points au prix dû par Tertius. A ce moment le vendeur originaire se présente; il n'entend pas appliquer son privilége, à une

(1) Voyez une savante dissertation de M. L. Bresillion, dans la Jurisprudence générale de Dalloz. D. P. 60, 1, 377.

somme dûe à un autre, qu'à son successeur immédiat, et ,
qui n'aurait pas pour but d'éteindre une créance, faisant
partie du patrimoine de son débiteur, mais il réclame un
droit de préférence, sur la somme destinée au paiement
d'une créance, sur laquelle il est privilégié. Qu'importe,
que ce soit le débiteur de Secundus, ou un tiers saisi, qui
fournisse les deniers. Il s'agit de savoir ce que l'on paie.
Or c'est la créance en la possession de Secundus, et sur
laquelle porte le privilége de Primus. Donc, on se
trouve dans les termes de l'article 2102, § 4, et il ne peut
être question, que d'un droit de préférence.

Il faut aller plus loin, et donner la même solution, quand
il n'y a pas eu saisie-arrêt, par le successeur immédiat du
vendeur originaire. Primus n'est-il pas, en effet, le créancier de Secundus, et ne peut-il pas, en vertu de l'art. 1166,
et comme exerçant les droits de son débiteur, faire saisie-
arrêt à la charge de demander une subrogation judiciaire?
Les mêmes conséquences s'imposent alors à l'esprit, quelque soit d'ailleurs le nombre des reventes ultérieures. La
saisie-arrêt sera dans tous les cas, le résultat de subrogations successives, et ainsi on arrivera à rattacher le cédant
originaire au dernier acquéreur.

Si dans cette théorie on ne tient pas compte des diverses
transmissions de la chose, on ne méconnaît point pour
cela les conditions légales du privilége, puisque le vendeur
ne l'exerce, que sur une somme attribuée exclusivement
au paiement de la créance de son débiteur. Cette somme
est subrogée réellement au prix dû par Tertius.

Quelque ingénieux que puisse paraître ce système, nous
ne saurions l'admettre, et sa subtilité même doit être une
raison, sinon de le rejeter, du moins de l'examiner d'une
manière rigoureuse.

Cette idée de subrogation réelle, nous paraît d'abord
être imaginée pour le besoin de la cause; nous savons
bien, que l'on raisonne par analogie, de la subrogation du
prix, à la chose, dans le cas d'une première revente. Mais en

vérité, y a-t-il bien analogie? La première subrogation est forcée pour l'exercice du privilége, et s'explique d'ailleurs par cette considération bien simple, que le premier cessionnaire, s'il ne possède plus la chose, possède encore la valeur, sous la forme d'une créance privilégiée, à l'encontre des créancier d'un second cessionnaire. La deuxième subrogation irait directement contre les termes de la loi ; le prix dont il s'agit n'est pas dû à Secundus, mais bien à Tertius ; la créance de ce prix n'était donc plus en la possession du premier cessionnaire ; dès-lors le privilége de Primus est perdu, quoique celui de Secundus ne soit pas éteint.

A un autre point de vue la théorie n'est pas moins fausse. Si Primus agit en vertu de l'art. 1166, en provoquant la saisie-arrêt, il ne peut se prévaloir d'une position privilégiée ; il se présente, en effet, comme le mandataire général de tous les créanciers et du débiteur lui-même, et il ne saurait comme tel, retirer un bénéfice exclusif de l'opération. La somme rentrera dans le patrimoine de Secundus, les créanciers viendront au marc le franc, et Primus ne trouvant, ni la chose, ni la créance, n'a le droit d'invoquer aucune cause légitime de [préférence.

SECTION III.

Destitution, démission forcée, faillite d'officiers ministériels; suppression d'offices.

1° L'Etat, qui nomme les officiers ministériels, peut aussi les destituer. L'intérêt public, est en droit d'exiger le renvoi d'un titulaire infidèle à son mandat ; mais il nous semble que, la destitution ne devrait jamais être, que la conséquence d'une culpabilité judiciairement reconnue. Il n'en est pas ainsi pourtant, et l'exercice du droit de destitution n'est subordonné, dans les mains du gouvernement, à aucune restriction. L'arbitraire est fâcheux en toute chose, mais ici

plus que partout ailleurs, il entraîne de funestes conséquences. Qui ne voit que, l'indépendance du titulaire, est
du même coup compromise, si des divergences politiques
ou des rumeurs mensongères, suffisent à provoquer une
mesure administrative, aussi grave au point de vue de l'intérêt privé, que de l'intérêt public.

Quelque soit le désir que l'on ait d'une réforme législative, il faut accepter l'état de choses existant. Le gouvernement d'ailleurs, à cherché à adoucir la position du
destitué et de ses créanciers; le ministre de la justice exige
toujours, du nouveau titulaire le paiement d'une indemnité;
cette somme servira à désintéresser les créanciers; mais
il faut reconnaître, que cette indemnité n'est qu'une concession du gouvernement.

Parmi les créanciers du destitué, peut se présenter le
cédant d'un office ; sera-t-il admis à exercer son privilège,
sur la somme payée par le nouveau titulaire ?

Les opinions sont partagées sur cette question délicate.

Un premier système (1) considère l'indemnité comme
un prix de revente; l'État a simplement pris la place du
destitué. L'officier ministériel n'a pas encouru de confiscation. A côté du titre, reste toujours la clientèle, les
accessoires de l'office, les recouvrements, toutes choses
susceptibles d'une véritable cession, dont l'État a pris l'initiative. Ce qui prouve de plus fort, qu'il est intevenu un
véritable contrat de vente, c'est le droit de 2 p. %, perçu
par l'Enregistrement sur l'indemnité.

A ce raisonnement on peut répondre (2) :

L'officier n'a plus le droit de présentation, et c'est en
lui, que se résume cette sorte de propriété *sui gene-*

_____

(1) Duvergier, journal *le Droit*, 21 mars et 2 avril 1853. — Genreau,
Revue critique, t. 3, p. 724. — Charles Ballot, Revue de Droit français et
étranger, 1848, t. 5, p. 121. — Mourlon op. cit. n° 125.

D. P. 45, 1, 571. D. P. 47, 2, 101. D. P. 51, 2, 69.

(2) Pont. op. cit. n° 148. Eug. Durand, 249. D. P. 49, 1, 103. D. P.
50, 3, 47. D. P. 53. 1, 61; 53, 1, 525. D. P. 54, 2, 11. D. P. 56, 5, 305.

ris, que l'on reconnaît au titulaire sur l'office. En perdant ce droit, il perd l'office lui-même. Alors, comment peut-on voir une cession, dans une nomination intervenue dans ces conditions, et un prix de vente, dans une concession de l'autorité administrative? D'un côté, le droit de présentation, susceptible de faire l'objet d'une convention privée, n'existe plus; de l'autre, l'indemnité n'est qu'une mesure toute de faveur et d'équité. Voilà deux raisons décisives, pour ne voir dans l'argent payé par le nouveau titulaire, qu'une somme destinée à satisfaire les intéressés, chacun au *prorata* de leurs créances. Cette somme entre, en effet, dans le patrimoine du destitué, sans destination spéciale, et devient, comme tous les biens du débiteur, le gage commun des créanciers.

Voudrait-on encore supposer une expropriation de l'office pour cause d'utilité publique? Mais tout le monde sait, que l'expropriation n'est autorisée qu'en matière immobilière. D'ailleurs, en l'admettant, cette conjecture ne serait-elle pas démentie, par le caractère de faveur attaché à l'indemnité. En matière d'expropriation, l'indemnité n'est-elle pas rigoureusement obligatoire? Ne dépasse-t-elle pas, même de beaucoup, la valeur de l'immeuble exproprié? Dans notre hypothèse, rien de semblable; entre une concession et un droit, il y aura toujours un abîme.

On insiste   core en portant la discusssion sur un autre terrain (1).

Une indemnité n'a d'autre cause, que la réparation d'un dommage; en conséquence, elle doit suivre le dommage, en vertu de cette règle de bon sens : là où est la perte, là doit être la réparation. De plus, l'indemnité n'a été stipulée par le Gouvernement, qu'en faveur de ceux qui peuvent y avoir droit : et ceux-là y ont droit, qui ont souf .t de la destitution. Or, il est bien certain, que de simples créanciers chirographaires, en présence d'un ven-

(1) C'est là une argumentation propre à M. Mourlon op. cit. 128.

deur non payé, n'ont encouru aucun dommage. N'auraient-ils pas été primés sur le prix par son privilége? Et ne serait-il pas étrange, d'accorder une indemnité à ceux qui n'ont rien à attendre, pour la refuser, à celui qui a droit à la totalité? Si on dénie le privilége, le créancier vendeur verra les autres créanciers de son débiteur, s'enrichir à ses dépens d'une indemnité, à laquelle la perte de sa propre chose a donné lieu.

Assurément ce sont là des considérations du plus haut intérêt, de nature à troubler la jurisprudence, parfois hésitante des Cours Impériales. Mais sont-elles assez fortes pour ébranler la loi? Le dommage, dit-on, retombe en entier sur la tête du vendeur; s'il en est ainsi, c'est à cause de la position privilégiée, qu'il avait avant la destitution; or, cette position a disparu avec la chose elle-même. Et on ne peut, pour attribuer l'indemnité par préférence au vendeur, faire autrement, que de reconstituer une situation juridique irrévocablement perdue. D'ailleurs, en pratique, il y a un moyen bien simple de parer à cet inconvénient. Puisque l'indemnité n'est qu'une concession du Gouvernement, rien n'empêche l'État d'attribuer au cédant la somme mise à la charge du nouveau titulaire (1). Si cette mesure n'a pas été prise, et si les tribunaux sont appelés à faire la distribution des deniers, il faut reconnaître que le vendeur ne viendra qu'au marc le franc. On dira peut-être, *dura lex, sed lex*, mais souvenons-nous que les réformes législatives doivent marcher, avec les progrès de la civilisation.

2° La même solution ne peut être adoptée, s'il y a eu simplement une démisssion forcée. Sur ce point, la juris-

---

(1) Tel a été le moyen proposé par M. Coin Delisle, pour faire cesser le conflit entre l'équité et le droit. Revue critique, t. 3 p. 460. Il est d'autant plus acceptable qu'il n'y a pas de de droit acquis à l'indemnité. D. P. 53, 3; 33.

prudence de la Cour de Cassation est assez singulière (1).

Il faudrait distinguer, si le Gouvernement a entendu conserver au titulaire la valeur de la charge, ou s'il n'a vu dans cette démission, qu'une véritable destitution. Dans ce dernier cas, le titulaire est entièrement dépouillé de tous les droits sur l'office, et l'indemnité ne peut être considérée comme un prix de revente. Cette assimilation n'est, à notre sens, nullement fondée ; il y aura toujours une profonde différence, entre la démission forcée et la destitution. Les droits de l'officier ministériel|sont maintenus jusqu'à son remplacement, et la nature de la démission est sans influence sur le droit lui-même (2).

3° Une hypothèse plus délicate est celle, qui se présente dans le cas de suppression d'offices. Que devient alors le privilège ? Pourra-t-il être exercé sur l'indemnité fournie proportionnellement, par les membres de la corporation, situés dans un certain rayon ? La suppression peut être immédiate ou subordonnée à la vacance de l'office. Ce dernier système, est même le seul suivi depuis la loi de 1816, à l'égard de tous les officiers ministériels.

L'indemnité n'est plus ici une mesure de faveur ; c'est une véritable compensation pécuniaire, exigée d'après l'art. 515 C. N. A un autre point de vue, on peut voir dans la suppression une véritable cession. L'extinction de l'office, résulte, en effet, de l'acquisition faite par un officier muni d'un titre, ou par la corporation tout entière ; en retour, un véritable prix est payé, comme équivalent de la valeur vénale de l'office. Le privilège du cédant, pourra donc être exercé sur l'indemnité, comme si elle était le prix d'une nouvelle cession. Du reste, aucune analogie n'est possible entre le cas d'une destitution et celui d'une suppression,

(1) D. P. 54, 1, 280. Une note de l'arrêtiste cherche à justifier, en droit, cette distinction.

(2) Eug. Durand, 249. Dalloz Repert. v. office, 333. D. P. 53, 1, 257. Un arrêt de la Cour de Nîmes différencie nettement le cas de destitution et le cas de démission. D. P. 53, 2, 134.

surtout depuis, que les suppressions n'ont lieu, qu'au fur et
à mesure des vacances, et que le gouvernement n'a plus
le droit de supprimer un office, sans en rembourser la
valeur (1).

4° Quoique heureusement, il soit rare de voir des officiers
ministériels oublieux des devoirs de leurs charges, se
livrer au commerce, ce fait n'est pas cependant sans
exemple, et alors si le failli est débiteur du prix de
l'office, faut-il dire que la faillite entraîne extinction du
privilége?

En présence de l'art 550 C. C. et depuis la loi de 1838,
il est difficile de soutenir la négative. Le législateur, en
effet, déclare expressément, que le privilége et le droit de
revendication, établis par le numéro 4, de l'art. 2102,
au profit du vendeur d'effets mobiliers, ne sont pas admis.
ne semble-t-il pas, que le cédant d'un office rentre dans
cette catégorie? Evidemment, car après tout, s'il a un
privilége, ce ne peut être qu'en vertu de l'article 2102
§ 4. On s'est alors demandé, quel était le but du législateur,
dans l'art. 550, C. C.

En matière commerciale, les garanties sont peu de
chose; le crédit seul est la fortune du commerçant, et le
crédit n'est autre chose que la confiance illimitée; toute la
théorie des virements et des comptes courants, repose
sur ces notions. Dès lors, n'est-il pas juste de donner à
tous les créanciers de la faillite une position semblable?
Pourquoi créer une situation privilégiée dans un malheur commun? Les créanciers ignoraient, d'ailleurs, la
provenance des marchandises; s'ils se sont décidés à livrer
leur fonds au failli, c'est probablement en raison de son
actif commercial, et ces marchandises en faisaient partie.

(1) Voyez en ce sens un jugement du tribunal de Tarbes, très fortement
motivé, 13 fév. 1860. Dalloz, Répertoire, v. office, § 331, n° 1. Voyez
encore, D. P. 59, 1, 262. La Cour de Rouen distingue entre la suppression
spontanée et la suppression, suite de la revente de l'office, par le titulaire
à la corporation. D. P. 63, 1, 192.

Aucun de ces motifs ne peut être invoqué pour les offices (1).

L'acte de cession a été soumis à l'approbation du gouvernement, il a été connu de tous ; d'autre part, le cédant n'entendait point faire un acte de commerce ; et il comptait donc sur les garanties spéciales, que les commerçants rejettent loin d'eux, comme indignes de l'honneur commercial.

Ces considérations ne manquent point de force, il est vrai, mais encore une fois, nous n'avons qu'à accepter une situation créée par loi. Mettons, si l'on veut, que le législateur n'ait pas prévu une hypothèse fort rare d'ailleurs, cela n'empêchera pas, que la faillite fait tomber tous les créanciers privilégiés au rang des créanciers chirographaires (2).

CHAPITRE IV.

Des conditions d'exercice du privilége.

L'acheteur n'a-t-il pas été payé ? Le vendeur a-t-il la chose en sa possession ? Cette chose est-elle encore reconnaissable dans son patrimoine ?

Voilà les trois points qu'il nous faut examiner, comme constituant les conditions d'exercice du privilége.

SECTION Ire.

Non paiement.

Le paiment est le mode normal d'extinction des obliga-

(1) Voyez en ce sens les considérations d'un arrêt de la Cour Impériale de Nîmes. D. P. 53, 1. 257. Il a d'ailleurs été cassé.

(2) Durand, op. cit. 250. — Pardessus, Cours de Droit commercial, 1204. Pont I, p. 108. D. P. 57, 1, 87. D. P. 43, 1, 257. D. P. 60. 2, 115.

tions (1) ; dans la vente en particulier, il consiste dans la remise du prix convenu. L'obligation disparait alors, avec toutes les garanties accessoires, y compris le privilége. Certains faits juridiques produisent des effets analogues à ceux du paiement. C'est ainsi que la *datio in solutum*, et la novation (sorte de *datio in solutum* d'une créance), emportent extinction du privilége.

Il convient ici, de poser une distinction, entre la novation proprement dite, et un paiement subordonné à la réalisation effective de la créance cédée. Ce point est d'autant plus délicat, que la volonté de nover ne se présume pas (2), et que l'intention des parties, doit être tellement évidente, qu'elle ne puisse être revoquée en doute. Il y aura donc, à se livrer sur ces actes, à des appréciations de détail, pour arriver à la constatation de la volonté des parties ; ce sera là surtout, l'œuvre des tribunaux, juges souverains des faits qui leur sont présentés. Néanmoins, en théorie pure, on s'est demandé notamment, si le réglement en un billet à ordre, du prix de ventes de marchandises, n'opérait pas novation dans la créance. Les uns (3), ont voulu voir une novation dans la quittance pure et simple, donnée par le vendeur sans réserves ; les autres, croient qu'il n'y a là, qu'une acceptation conditionnelle des effets, sauf encaissement. Cette dernière opinion nous parait être la seule acceptable.

La quittance ne parle, ni d'abandon, ni de réserve ; il y a doute, sur l'intention des parties ; et, en appliquant à la lettre, l'art. 1273 C. N., on arrive à dire, qu'il n'y a pas novation. Elle est, en effet, si peu clairement établie, que l'on ne peut voir dans l'acceptation des effets, qu'un mode de paiement particulier, permis à l'acheteur. Mais s'il en est ainsi, quand y aura-t-il paiement?

(1) Solvere dicimus, eum qui fecit quod facere promisit, l. 76. D. de verb. signif.

(2) 1273, C. N.

(3) Duranton, XII, 287. Sir. 28, 1, 294.

Lorsque le vendeur aura encaissé les valeurs, de sorte que l'on peut dire à priori, qu'il y a toujours acceptation conditionnelle des billets, sauf encaissement. Du reste, il n'est guère probable, que le vendeur ait voulu se dessaisir inconsidérément, du privilége, et de l'action résolutoire.

Telle est la solution donnée par la cour suprême (1), et adoptée par la plupart des auteurs (2); seule, elle est conforme aux principes qui régissent la novation dans notre droit. Ajoutons encore, que la question de savoir, si tel ou tel fait juridique, opère ou non novation, ne constitue pas une simple appréciation de fait. L'erreur du juge sur ce point, pourrait en conséquence, donner ouverture à cassation; si on ne recherchait au contraire que l'interprétation des clauses de l'acte, il n'y aurait qu'une question de fait, laissée à l'appréciation souveraine des tribunaux. Mais, la novation, au point de vue doctrinal, résulte de l'incompatibilité qu'il y aurait, à prendre la même chose comme objet de deux conventions, qui s'excluent mutuellement (3); aussi, n'y a-t-il pas de difficulté, quand les billets reçus par le vendeur sont causés; et si les effets portent en reçu, *valeur au comptant*, *valeur en espèces*, il est permis de ne voir dans ces expressions, qu'un mode de paiement.

A côté de la novation proprement dite, se place la novation subjective; tantôt il y a substitution d'un nouveau

(1) Arrêt de Cassation rendu après partage. Sir. 41, 1, 473.

(2) Larombière, Théorie et pratique des obligations, art. 1273. § 8. — Aubry et Rau, t. 3, § 324, n° 21. Le changement qui ne porte, que sur le mode de paiement, ne peut entraîner novation objective. D. P. 54, 2, 259. D. P. 54, 2, 40 (Vente de de marchandises, billet à ordre). D. P. 47, 2, 101 (obligation hypothécaire censée pour prêt). D. P. 57, 1, 347. Compréhension de la créance dans un compte courant.

(3) C'est dans cette incompatibilité, entre la première et la seconde obligation, que se trouve le vrai *criterium*. Larombière op. cit. 1273, § 7. Aubry et Rau, t. 3, § 324, n° 17.

débiteur à l'ancien ; l'opération constitue alors une expro-
mission, ou une délégation parfaite; tantôt il y a substitution de créanciers. Le changement, dans la personne de
l'ayant-droit, ne constitue point pour cela une cession
transport ; dans la novation, il y a formation d'une nouvelle obligation, et il faut le concours de trois personnes ;
de l'ancien créancier, qui renonce, du nouveau qui accepte,
et du débiteur qui contracte une nouvelle dette. Dans la
cession, au contraire, la même créance passe au cessionnaire, telle quelle se comportait entre les mains du cédant,
c'est-à-dire avec ses accessoires, priviléges, hypothèques, etc.

Par rapport au privilége du vendeur, il y a donc une
profonde différence entre la novation subjective et la cession de créances. La même différence existe encore, entre
la novation par changement de créancier, et la subrogation conventionnelle, opérée par le créancier, en faveur
d'un tiers, qui vient payer la dette du débiteur. La théorie
de la subrogation, fut justement imaginée, pour parer aux
inconvénients d'un paiement purement extinctif, et faire
de l'opération un des principaux éléments du crédit public, en donnant confiance aux capitalistes.

Les garanties de l'ancienne créance, viennent s'attacher
à la nouvelle, et en cela, l'affaire est aussi avantageuse,
pour le créancier que pour le débiteur. La subrogation est
une opération à double face ; à l'égard du créancier, c'est
un paiement; à l'égard du subrogé, c'est une véritable cession, dans la mesure du recours qui lui appartient. Toutefois, entre la subrogation et la cession, il y a des différences (1). Le cessionnaire pourrait réclamer le montant
intégral de la créance, le chiffre nominal, tandis que le
subrogé ne jouit des avantages et des garanties du subro-
geant, que dans la mesure des déboursés. Ceci nous expli-

(1) Voyez pour de plus amples détails. Lacomblère, op. cit. art. 1250,
§ 27 et suivants. Mourlon signale jusqu'à neuf différences, p. 34.

8

que comment le spéculateur use plutôt de la cession, que
de la subrogation ; avant tout, il entend réaliser un gain,
et en profitant par exemple, de la différence existant entre
la valeur nominale et la valeur réelle de transmission.
Voilà pourquoi, le tuteur qui peut payer avec subrogation,
ne pourrait devenir le cessionnaire d'une créance du mineur, 450 C. N.

On n'est pas encore, aujourd'hui, d'accord sur la véritable nature de la subrogation. Y a-t-il cession de l'ancienne
créance, dans la limite des déboursés, ou bien au contraire,
ne s'agit-il que de la cession des garanties de la créance
primitive, garanties qui viennent se rattacher à une action
née d'une nouvelle obligation. La question n'a aucun effet,
sur les caractères généraux de la subrogation, mais elle présente de l'intérêt, au point de vue de certaines circonstances, essentiellement propres à l'ancienne créance, telles
que le titre exécutoire, la contrainte par corps, la juridic-
tion commerciale, l'élection de domicile. S'il n'y a pas cession de créance, toutes ces garanties n'existent plus. Mais
telle n'est pas notre opinion. Les lois romaines et l'édit de
1609, sont d'accord pour confirmer la notion d'une cession
de créance. Pothier, l'inspirateur des rédacteurs du Code,
est également du même avis. Le crédit lui-même, est
intéressé à ce que le tout subsiste, et à ce que rien ne soit
limité. Ces considérations, ont d'autant plus de force, que
la subrogation est une institution vraiment pratique et que
l'usage l'a depuis longtemps consacrée. En réalité, l'opinion
contraire ne peut répondre qu'une chose : c'est que la subrogation est un paiement. Oui, cela est vrai, mais s'il y a
une fiction pour le transport des accessoires, la fiction
peut bien continuer pour la créance elle-même (1).

La subrogation peut également émaner du débiteur:
la loi exproprie, pour ainsi dire, le créancier, d'une

(1) Larombière, op. cit. 1250, § 267. Mourlon, des Subrogations personnelles, p. 6.

créance dont il n'a plus besoin, et la met à la disposition
du débiteur, qui pourra la céder et en faire un instrument
de crédit. Cette idée inconnue au droit romain, se retrouve
la première fois dans l'édit de 1609. Sous Charles IX, les
arrérages étaient fixés au denier, 12, 8 1/3 p. 100.
Henri IV les fixa au denier 16, 6 5/8 p. 100. Dès ce
moment, les débiteurs des arrérages à 8 p. 100 eurent
intérêt à rembourser pour ne plus payer, que 6 p. 100.
Mais, pour arriver au remboursement, il fallait encou-
rager les prêteurs, et offrir des garanties. D'un autre
côté, les créanciers originaires, se refusaient à ce qui
pouvait faciliter le paiement, et en particulier la subrogation. L'édit de 1609, vint leur forcer la main, en
décidant que le débiteur pourrait subroger ; aucune
différence n'existe entre les deux sortes de subrogation.
Le débiteur qui veut subroger le prêteur, dans les droits du
créancier, est seulement astreint à certaines formalités,
énumérées dans l'art 1250 C. N. En appliquant ces principes à notre matière, nous dirons, que, rien n'empêche l'acquéreur d'effets mobiliers, de subroger aux droits du vendeur, celui dont les deniers ont servi au paiement du prix.
On a voulu aller plus loin, et on a soutenu, par analogie
de l'art. 2103, qu'indépendamment de toute convention, le
privilége existait en faveur du prêteur de deniers. Il est
certain qu'a priori, il n'y a aucune raison de distinguer,
entre celui qui avance des fonds, pour payer un meuble, et
celui qui acquitte le prix d'un immeuble. Mais, est-ce là
un motif, de nature à justifier l'extension d'un privilége
d'un cas à l'autre? Ce serait difficile à croire ; les priviléges sont de droit étroit, et on ne peut suppléer au si-
lence de la loi sans arbitraire (1). Rien n'empêchait le
prêteur exiger la subrogation, dans l'acte d'emprunt ;

_____

(1) Eug. Durand, op. cit. 252. — Dalloz, Répertoire, v. office. Mais la
caution serait dans cette hypothèse mieux traitée, que le prêteur de deniers. 2029, C. N.

s'il ne l'a pas fait, c'est qu'il ne voulait pas user de ce bénéfice. En tout cas, il a fait preuve de négligence, et il est
juste qu'il subisse les conséquences de son imprévoyance.

Section II.

Possession de l'Acquéreur.

La deuxième condition d'exercice du privilége, c'est que
les effets mobiliers soient encore en la possession de l'acheteur. Cette exigence est en relation intime avec l'art. 2270
et peut être considérée, comme une conséquence forcée de
cette ancienne règle, de notre droit coutumier :

Meubles n'ont point de suite.

Notre règle, est néanmoins plus large, que la maxime :

En fait de meubles, possession vaut titre. Il est, en effet,
généralement reconnu, que l'art. 2270, ne s'applique qu'aux
meubles corporels, auxquels il faut joindre les billets de
banque, et autres titres au porteur : ainsi, que les meubles
incorporels, qui sont des droits réels mobiliers, susceptibles
de possession, comme l'usufruit de meubles, le gage, etc.
(art. 2228). L'art. 2102, § 4, embrasse, au contraire, tous
les meubles incorporels ; puis il vise une autre situation
juridique. Le vendeur privilégié, peut, voir son droit,
tantôt lié à celui de propriétaire, et tantôt indépendant et distinct.

Examinons d'abord l'hypothèse d'une vente *a non domino*. La question de privilége est ici subordonnée à la
question de propriété, ainsi, le fait de la dépossession,
n'entraînera pas extinction du privilége, dans le cas de
perte ou de vol de la chose; il en sera de même, s'il y a mauvaise foi, en vertu de l'art. 1141. Il est incontestable que ,
si le propriétaire a un droit, et s'il ne peut être repoussé par
l'art. 2270, ses créanciers, en vertu de l'art. 1166, se subs-
titueront à lui dans l'exercice de son droit, et arriveront
ainsi à la réintégration de la chose, dans son patrimoine.

En définitive, le privilége existera, toutes les fois, que la maxime : En fait de meubles, possession vaut titre, ne sera pas opposable au propriétaire, dont un *non dominus* a vendu la chose. C'est en ce sens, que les articles 2102, § 4 et 2279, se complètent l'un l'autre, et semblent n'être que les corollaires d'une même proposition.

Mais une autre situation peut être faite aux créanciers privilégiés ; l'acquéreur devenu propriétaire, peut vendre la chose et s'en dessaisir, en faisant livraison ; la condition de possession, nécessaire à l'exercice du privilége, fera alors défaut, et le privilége du vendeur, sera irrévocablement perdu, s'il est intervenu un paiement. Le créancier, n'aura pour éviter cet inconvénient, qu'à faire saisir-arrêter le prix, entre les mains de son acquéreur ; il arrivera, par ce moyen, à l'exercice de son droit de préférence. La créance du prix, ayant remplacé la chose dans le patrimoine du débiteur, on est encore dans les termes de l'art. 2102, § 4, puisqu'il n'y a eu ni paiement, ni cession, les seuls faits juridiques, de nature à éteindre la créance, ou à la faire passer en des mains étrangères. Sur ce dernier point, l'art. 2102, § 4, doit se combiner avec l'article 1689, relatif aux cessions de créances.

Que faut-il entendre par la possession d'une créance? La loi distingue, comme en matière immobilière, deux classes de personne, les parties et les tiers. Entre les parties, la tradition résulte de la remise du titre (1607-1689, Code Nap.). Par le seul effet de la convention, le cessionnaire a été investi de la qualité de représentant de son cédant. A l'égard des tiers, la cession ne résultera, que de certaines formalités, donnant à l'opération, une publicité relative, analogue au caractère relatif du droit transféré. Par tiers, il faut entendre toutes les personnes intéressées à un titre quelconque, à considérer le cédant, comme étant encore créancier, malgré la cession qu'ils n'ont pas connue.

Parmi ces tiers, il faut d'abord ranger le débiteur cédé

puis, les créanciers du cédant, au nombre desquels se trouve le vendeur privilégié ; ils ont tout intérêt à connaître la cession, puisque la créance fait partie intégrante du patrimoine de leur débiteur. Enfin, sont encore des tiers, ceux à qui le cédant a voulu faire une seconde cession.

A l'égard de ces personnes, toute cession est non avenue, s'il n'y a signification au débiteur cédé, ou acceptation du transport, par le débiteur dans un acte authentique (1). Alors seulement la créance sort de la possession du débiteur ; jusque là, le vendeur pourra exercer son privilége, au moyen d'une saisie-arrêt (2).

Il ne faut pas confondre avec les créances, les lettres de change (3). Il n'y a aucun rapport entre la cession d'une créance, et l'endossement d'une lettre de change. L'endossement, bien loin d'être une forme de la cession, ne transmet aucun droit. L'endosseur d'une lettre de change, est investi de droits propres et indépendants ; et on peut dire, que l'endossement, transfère la propriété de la lettre de change. N'oublions pas, que la lettre de change, l'instrument du crédit par excellence, est un papier auquel il est dû, et non un simple document, servant à prouver l'existence d'une obligation. En consequence si la sous

(1) L'art. 1690 ne peut être rattaché à la théorie romaine sur la cession de créances. Il a sa véritable origine dans la règle coutumière ; simple transport ne saisit point. Cette règle provient, d'ailleurs, du droit germanique, où la *Festuca* opérait desaisine-saisine, et soumettait une nouvelle personne et un nouveau patrimoine, à l'ancienne obligation.

(2) D. P. 64, 1, 385. Dans ce même ordre d'idées on a décidé, que la clause de l'acte de vente portant, que le vendeur pourra faire valoir son privilége, même contre les cessionnaires de l'acquéreur, est sans effet à l'égard de ces cessionnaires. D. P. 52, 1, 207.

(3) L'art. 1690 n'est applicable, ni au transfert des rentes sur l'Etat et des actions de la banque de France, ni à la cession d'actions dans les sociétés de commerce. 36, 136, 187, C. C.

Loi du 28 floréal an VII. Décret du 13 thermidor an XIII, art. 1. Décret du 16 janvier]1818, art. 4.

cription d'une lettre de change n'a pas opéré novation, le privilége ne survivrait pas à l'endossement de la lettre.

En résumé, comment envisageons-nous la condition de de possession, exigée par la loi pour l'exercice du privilége? Deux hypothèses sont possibles : ou le propriétaire a vendu ses meubles, ou bien c'est un *non dominus*.

1° Dans le premier cas, le privilége se reporte toujours, de la chose sur la créance du prix (1). Les priviléges sur les meubles, destitués en général de droit de suite, ne peuvent aboutir, qu'à un droit de préférence sur le prix des objets qui en sont grevés. Dès lors, peu importe que ce prix soit le résultat d'une saisie ou d'une revente à l'amiable ; la question de possession n'a rien à faire ici, puisqu'on ne touche pas aux droits des tiers acquéreurs: mais, la créance du prix doit se trouver dans le patrimoine du débiteur, et elle en fera partie tant qu'il n'aura pas reçu paiement, ou fait cession. — Les droits des cessionnaires sont aussi respectables que ceux des tiers acquéreurs, 1690, 2279 C. N.

2° Si la vente a été effectuée par un *non dominus*, la question change complètement d'aspect. On doit distinguer les meubles corporels, ainsi que les choses incorporelles, démembrements de propriété, auxquels l'art. 2279 est applicable, et les meubles incorporels qui ne tombent point sous la règle. Les droits des créanciers ne seront dans tous les cas, jamais plus forts que ceux du propriétaire évincé ; si le législateur parle de possession, c'est qu'il fait allusion aux choses, dont la possession engendre en faveur du possesseur, une présomption absolue de propriété, franche de toutes charges réelles.

Après avoir soigneusement délimité le sens et la portée de la condition de possession, occupons-nous de deux

_____

(1) Voyez ce que nous avons dit. Supra. Sect. I. De la revente à l'amiable. Chap. II.

questions, qui se réfèrent aussi au même ordre d'idées.

Les créanciers de celui, qui a transmis à un autre les droits réels de propriété, sur une chose mobilière, peuvent-ils la saisir dans ses mains et la faire vendre, alors que le stipulant n'en a pas pris possession réelle avant la saisie?

Supposons un vendeur privilégié, une seconde re-vente intervenue, le prix payé, mais la chose non encore livrée : quelle sera la position du vendeur?

Le texte de la loi parait maintenir le privilége, malgré la revente non suivie de la mise en possession, et tant qu'elle n'a pas été effectuée. Cependant, l'opinion géné-rale, favorable au maintien du privilége du vendeur, a été combattue par MM. Aubry et Rau (1). Il est certain, sui-vant eux, qu'entre les parties, la propriété a été transférée à l'acquéreur par la seule convention (711, 1138 C. N.) (2). Or, si le sous-acquéreur est devenu propriétaire, le ven-deur primitif ne peut plus saisir l'objet dans le patrimoine de son débiteur; il n'a pas de droit réel, car il n'a pas de droit de suite, et le droit réel serait nécessaire pour oppo-ser le privilége à un sous-acquéreur.

Ce système est contraire au texte et à l'esprit de l'ar-ticle 2102, § 4, qui n'exige que la condition de possession ; on va même beaucoup trop loin, en niant que le privilége mobilier soit un droit réel, parce qu'il n'est pas muni d'un droit de suite. Suivant la doctrine de deux jurisconsultes éminents, Bugnet et Oudot, le droit réel est celui qui est opposable à la masse des créanciers, tandis que le droit de créance, n'entraine jamais par lui-même, que le droit de venir au concours, avec les autres créanciers, en vertu de l'art. 2093 C. N.; or, les priviléges mobiliers sont des causes

(1) Aubry et Rau, § 267, p. 619, texte et note 57.

(2) Nec obstat 1141, qui applique seulement 2279 pour protéger un second acquéreur nanti, par une présomption de propriété, qui l'emporte sur le droit réel du premier acquéreur.

de préférence, comme les droits réels principaux, également opposables à la masse des créanciers.

Certains auteurs écartent la difficulté, en soutenant qu'en matière de meubles, la tradition seule, dépouille le vendeur de son droit de propriété (1). Nous ne saurions admettre ces principes, en présence des conditions de l'art. 1141, et il ne nous paraît pas vrai de dire que la tradition joue, en matière mobilière, le même rôle que la transcription pour les immeubles. Si, entre deux acqué-reurs successifs, le second mis en possession est préféré au premier, ce n'est pas, parce qu'il a acquis du véritable pro-priétaire, mais bien, parce qu'il a reçu une chose à *non domino* et de bonne foi, et qu'il est alors protégé par la maxime : « En fait de meubles, possession vaut titre. » La première vente a en effet, dépouillé le vendeur de ses droits sur la chose ; s'il l'a conservée, c'est en qualité de simple dépositaire, et à ce titre il pourra être poursuivi en do-mages-intérêts par le premier vendeur évincé (2). »

Ce n'est donc point, dans la doctrine qui subordonne la transmission de la propriété mobilière, à la nécessité de la tradition, qu'il faut aller chercher une conciliation entre les art. 711, 1138 et 2102, § 4. Il vaut mieux voir, dans l'art. 2102, § 4, une solution utilitaire, justifiée par des raisons de crédit public, et aussi par les errements de notre ancien droit, mais difficile à concilier, avec l'ensem-ble des innovations juridiques, des rédacteurs du Code. Sans doute, le vendeur de meubles n'a pas, en principe, un droit de suite complet, comme l'aurait un vendeur d'immeu-bles, mais il est protégé spécialement par la loi, contre une revente présumée frauduleuse, comme le serait celle faite,

(1) Troplong. De la vente, I, 42. Duvergier. De la vente, I, 37. Hureaux. Revue de droit français et étranger. 1845. III, n° 35 à 39. Huc. Recueil de l'académie de législation de Toulouse, t. XII, p. 280.

(2) Voyez en ce sens Demolombe. Traité des contrats et des obliga-tions, t. I, p. 462.

dans l'espèce, par un vendeur insolvable, qui a touché son prix. S'il en était autrement, il serait trop facile à l'acheteur de frustrer le vendeur de toute garantie. La vente non suivie de tradition, est réputée peu sérieuse ; il est bizarre que le prix ait été payé avant la tradition du meuble.

De même, qu'un créancier gagiste est autorisé, au cas de perte ou de vol de la possession, à la ressaisir pour exercer son droit de privilége, bien qu'en principe il n'ait pas de droit de suite, de même, dans notre espèce, le vendeur n'est pas dépouillé de son droit de préférence par une simple vente, toutes les fois qu'un tiers de bonne foi ne peut lui opposer l'art. 1141.

Il y a là une disposition d'équité, une mesure de protection spéciale, qui permet de traiter le meuble, comme s'il n'avait pas été aliéné ; tant qu'il est possédé par l'acheteur, le vendeur compte sur la chose, et il ne peut être spolié par un acte qu'il ne connaît pas.

L'art. 2102, § 4, consacre une solution toute d'équité ; et en présence de ce résultat, les rédacteurs du Code, oublieux des principes nouveaux posés dans les art. 711, 1138 et 1583, conservèrent à la tradition, le caractères qu'elle avait autrefois, pour ne point laisser porte ouverte à la fraude, et ne pas permettre à l'acheteur de se jouer impunément des droits du vendeur.

Telle sont les raisons de nature à justifier l'exercice du privilége, au préjudice d'un second acquéreur, et à ne faire voir l'extinction du privilége, que dans la revente suivie de livraison (1).

Si la revente, même suivie de livraison, vient ensuite à être annulée ou résolue, il faut également décider que le privilége du vendeur primitif n'a pas cessé d'exister. La

(1) Valette. Traité des hyp. et des privil., 485. Troplong. Des priviléges, n° 184. Zachariæ, t. 2, p. 115, n. 2. Mourlon. Examen critique, n° 185. Pont, op. c., 151. Contra. Marcadé. Sur l'art. 1121. Taulier, t. 7, p. 151. Sir. 1846, 1, 551.

nullité ou la rescision, prononcée en justice, remet les choses au même et semblable état, où elles étaient avant la formation de l'obligation annulée ou rescindée (1). Il en est de même de la condition résolutoire.

Qu'arriverait-il si l'acheteur, au lieu de revendre la chose, la donnait en gage à un de ses créanciers ? Le vendeur pourrait-il encore exercer son privilége ? M. Troplong (2) a voulu distinguer, sur ce point, entre un créancier gagiste et les autres détenteurs précaires, tels qu'un mandataire, un emprunteur, ou un dépositaire. En réalité, aucune distinction n'est possible, et le privilége existe, tant que la possession juridique reste sur la tête du débiteur. L'acquéreur, en donnant la chose en gage, n'a pas cessé, pour cela, d'en avoir la possession ; c'est lui qui prescrit et qui recueille les fruits. Ne sont-ce pas là les attributs les plus essentiels de la possession ? On répond, que le créancier gagiste possède pour lui-même ; il est vrai, mais seulement *jure pignoris*, pour la conservation de son droit de gage. A l'égard du droit de propriété, le créancier gagiste n'est qu'un détenteur précaire, et en cette qualité, il détient au nom et pour le compte du débiteur qu'il représente : il doit donc être placé sur la même ligne que le dépositaire, l'emprunteur et le locataire (3).

Est-ce à dire, pour cela, que le privilége du vendeur doit primer le privilége du créancier gagiste ? C'est une toute autre question. L'art. 2102, § 4, règle, sur ce point, le conflit entre le propriétaire locateur et le vendeur, sur les meubles garnissant la maison louée. Si le locateur obtient la préférence, c'est qu'en fait de meuble, la faveur due à la propriété fléchit non-seulement devant la pos-

(1) Aubry et Rau, t. III, § 336, p. 184, note 1 et 2, 1183. Larombière. Sur les art. 1304 et 1183.

(2) Troplong, op. cit. t. I, n° 185. Taulier, op. cit. t. 7, p. 152.

(3) Pont. op. cit. n° 152, Mourlon, op. cit. n° 118. Valette, n° 85. Aubry et Rau, t. 2, § 261, p. 623, texte et note 65.

session de bonne foi, mais encore devant une simple détention, fondée sur le nantissement exprès ou tacite.

Le créancier gagiste l'emportera donc sur le vendeur (1),
qui n'en pourra pas moins exercer son privilége à
l'encontre des autres créanciers, après désintéressement
du gagiste.

SECTION III.

Conséquences de certaines modifications de l'objet vendu.

Le privilége subsiste, avons-nous vu, tant que l'objet
vendu est en possession de l'acquéreur; nous venons
d'examiner successivement ce qu'il devenait : 1° au cas
d'une vente consentie par l'acheteur; 2° au cas d'une vente
faite par un *non dominus*; il nous reste à apprécier les
conséquences des transformations de la chose, dans le patrimoine du débiteur, et à voir jusqu'à quel point on peut
poursuivre la reconnaissance de cette chose, pour établir le fait de la possession. Deux hypothèses sont possibles : ou l'objet transformé est toujours meuble, ou il est
passé à l'état d'immeuble.

§ 1.

L'OBJET TRANSFORMÉ EST TOUJOURS MEUBLE.

En principe, il faut dire, que tant que la chose sera
reconnaissable, dans le patrimoine du débiteur, le privilége
subsistera. La forme nouvelle de l'objet ne peut détruire
la possession ; le privilége s'attache surtout à la valeur ; et
la seule condition nécessaire à la persistance du privilége,

_____

(1) M. Poubelle à son cours, 18 mai 1866. Il suffit dans tous les cas, que
le gagiste ait été lors de la réception du gage dans l'ignorance des droits
du vendeur, la connaissance postérieure de ces droits ne préjudicierait pas
à l'exercice de son privilége. Sir. 15, 2, 227.

c'est que cette valeur puisse se retrouver dans le patrimoine. Sur ce point, il n'y a aucune analogie à établir entre le privilége et la revendication. Si, à travers toutes les transformations, on peut retrouver le meuble vendu, au moins *in materia*, on pourra dire, que l'acheteur le possède encore, et s'il le possède, le privilége n'est pas éteint (1).

Il nous semble que c'est là, la seule décision en harmonie avec la pensée du législateur. Peut-on dire, que telle chose est encore possédée par le débiteur? Voilà ce qu'il faut se demander. L'art. 2102 ne s'occupe point pour l'exercice du privilége, des conséquences des transformations de l'objet; il ne faut donc en tenir aucun compte, jusqu'au moment où il y a impossibilité de reconnaître, ce que l'on prétend devoir être possédé par le débiteur.

Ce point de vue semble avoir échappé à certains auteurs, dont la solution se rattache à d'autres principes. M. Troplong (2) croit trouver un criterium infaillible, dans des distinctions proposées par Cujas, en matière de gages et d'hypothèques. Il faudrait distinguer, une première fois, entre les changements qui engendrent une *nova species* et ceux qui ne font qu'augmenter la chose, sans en changer l'espèce, puis, sous distinguer entre les changements définitifs et ceux qui ne le sont pas; dans le premier cas seulement, le privilége serait éteint.

Cette théorie, toute ingénieuse qu'elle paraît être, conduit à des résultats inacceptables. Pourquoi, par exemple,

____

(1) Voyez en ce sens, Aubry et Rau, t. II, § 261, p. 623, texte et note 65. — Valette, n° 55, 2° question. — Pont. n° 153. — Mourlon, n° 64. — Dalloz, Repert. v. Priviléges, n° 335. Nancy, 28 décembre 1829. De Vill. et Carette, collect. nouv. IX, 2, 268.

(2) Troplong, I, 109 et suiv. La doctrine de Cujas est des plus rationnelles quand il s'agit d'un droit réel, susceptible d'être poursuivi contre des tiers détenteurs. Mais elle est sans application en face d'un simple droit de préférence, et en particulier, du privilége du vendeur, qui n'a d'autre base que l'augmentation de valeur dans le patrimoine du débiteur.

établir une distinction entre une statue de bronze et une statue de marbre. N'est-ce pas aller directement contre la justice et l'équité?

M. Duranton (1) voit la solution du problème dans les art. 570 et 571, et il applique au privilége la distinction relative au droit de propriété, sans s'apercevoir qu'il n'y a aucune analogie possible. Entre l'ouvr'er et le propriétaire, il ne s'agit que d'une simple tranformation de droit; dans notre hypothèse, au contraire, il y a en jeu une question de déchéance, de sorte que, ce qui est équitable dans le premier cas, serait inique dans le second. Qu'importe au propriétaire de la matière d'être dépouillé de sa chose, s'il reçoit une indemnité? Mais il est essentiel pour le vendeur de n'être pas dépouillé du privilége, seule garantie qui lui soit donnée, pour éviter sa spoliation par des créanciers qu'il vient d'enrichir.

La vérité n'est donc point dans les systèmes, qui consacrent des injustices, que ni l'intérêt de l'acheteur, ni le crédit public, ne peuvent légitimer. La transformation de la substance ne suffit pas pour l'extinction du privilége ; il faut qu'on ne retrouve, ni le nom, ni la forme, ni la nature, rien en un mot ; autrement on peut dire, que la chose est encore en la possession du débiteur.

Le privilége du vendeur ainsi conservé, s'étend-il à la plus value, que l'acheteur a par son travail, donnée à la chose vendue, ou bien au contraire, ne faut-il pas la déduire pour l'exercice du privilége? Cette question présente de l'intérêt, quand il y a un écart assez considérable entre le prix et la valeur réelle de l'objet. Les difficultés pratiques d'une déduction de la plus value, ont fait étendre le privilége sur la valeur entière; mais il n'est pas difficile de voir, que le privilége n'est fondé en droit et en raison, que jusqu'à concurrence de la valeur, dont s'est accru le patrimoine du débiteur; sur l'excédant, le vendeur n'a droit à

(1) Duranton, XIX, 124.

aucune préférence, et n'est qu'un simple créancier chirographaire.

La même solution doit être donnée, lorsque la plus value
résulte de l'adjonction d'une autre chose. Il peut arriver
dans cette hypothèse, que la valeur nouvelle soit également
grevée d'un privilége; il faudrait donc forcément, procéder à la séparation fictive des deux valeurs. Pourquoi ne
ferait-on pas de même, en présence de créanciers chirographaires ?

§ 2.

LE MEUBLE VENDU EST IMMOBILISÉ.

Est-ce une immobilisation par nature, résultant par
exemple, de l'incorporation du meuble au sol ? Le privilége
est définitivement éteint (1) ; le sol a tout absorbé, ainsi
s'il s'agit de matériaux employés à la construction d'un
bâtiment, il y aura un tout immeuble, un terrain bâti.

Est-ce au contraire, une immobilisation par destination ?
Les effets sont tout différents. L'immeuble par destination
est un meuble par nature, qui a été placé par le propriétaire, à perpétuelle demeure dans un fonds, pour en être
l'accessoire et la dépendance.

La perpétuité de la destination, et la qualité de propriétaire, chez celui qui l'opère, voilà les deux conditions
essentielles. Le meuble conserve son individualité et sa
substance, tandis qu'il disparaît, dans l'immobilisation
par nature. Du reste, la destinction entre les deux sortes
d'immobilisation est des plus importantes, au point de vue
des règles de l'expropriation pour cause d'utilité publique, de la saisie et du privilége.

L'immobilisation par destination, ne fait pas disparaître
le privilége du vendeur; aussi la distinction proposée par

(1) Pont., n° 184. D. P. 48, 2, 61. D. P. 47, 1, 248.

la cour de cassation (1), entre le lien moral et le lien matériel, ne saurait être acceptée. La loi ne distingue pas, dans les articles 592 et 593, C. P, lorsquelle autorise le vendeur à saisir mobilièrement, par voie de saisie exécution, l'objet immobilisé ; il en résulte que l'immobilisation est, dans tous les cas, non avenue, à l'égard du vendeur. Le privilége sera donc admis. Mais est-il opposable à tous les créanciers de l'acquéreur ? Cette question intéresse au plus haut point l'industrie et le crédit public. La plupart des auteurs (2), admettent le privilége, à l'encontre des créanciers chirographaires, et le refusent au vendeur, quand il se trouve en conflit avec des créanciers hypothécaires, antérieurs à l'immobilisation ; d'autres ne veulent accorder cet avantage, qu'aux créanciers postérieurs ; quelques uns sous distinguent, entre ceux qui connaissaient l'existence du privilége et ceux qui l'ignoraient. Ces derniers pourraient seuls paralyser le privilége du vendeur.

Nous aurons à examiner la base juridique de toutes ces distinctions, mais auparavant, voyons ce qui peut amener un conflit entre le vendeur de meubles, et les créanciers hypothécaires.

Il faut supposer une immobilisation par destination ; d'une part l'objet est toujours meuble à l'égard du vendeur (2102, § 4, C. N. 592 et 593, C. P.) ; le privilége doit alors s'exercer, puisqu'il s'agit d'un effet mobilier en possession de l'acheteur. D'autre part, ce meuble a revêtu un caractère

(1) Arrêt de la Cour de Cassation du 9 juillet 1847, l'art. 593 du Code de Proc. s'applique à tous les immeubles par destination.

(2) Aubry et Rau, t. 2, § 284, texte n° 1 et notes 3 et 4. Les auteurs distinguent entre les créanciers chirographaires et les créanciers hypothécaires antérieurs ou postérieurs à la vente. Dalloz, Repert. v. privi, n° 561. Pont, n°⁵ 184, 409 et suiv. Cette distinction prévaut aussi en jurisprudence. D. P. 45, 2, 188. D. P. 46, 2, 151. Sir. 33, 1, 440. Sir. 36, 1, 177. Sir. 40, 1, 412. Ce sont là trois arrêts de rejet.

immobilier; comme tel, il est atteint par l'hypothèque établie sur l'immeuble.

L'ensemble est frappé de l'hypothèque, aux termes de l'article 2133. Le conflit n'est que le résultat du double point de vue auquel le législateur s'est placé ; il y a un meuble vis-à-vis du vendeur, et il n'y a qu'un immeuble vis-à-vis des autres créanciers, voilà ce qui explique la survie du *privilége* et le droit hypothecaire. Qui sera préféré ? Tout dépend de la nature et des caractères qu'on assigne au privilége mobilier. Est-ce un droit réel ? Le vendeur l'emportera sur tous les créanciers, même hypothecaires. Est-ce un *jus ad rem* ? Il ne primera que les créanciers chirographaires.

La réalité du privilége ne saurait être mise en doute. Le droit réel est celui qui est opposable à la masse des créanciers. Le droit de créance, n'entraîne jamais que le droit de venir au concours avec les autres créanciers.

On ne peut donc point dire avec Aubry et Rau, que le droit de préférence des créanciers hypothécaires étant réel, doit primer le privilége simplement personnel du vendeur.

La préférence ne peut jamais être l'attribut d'un droit personnel; en conséquence, le vendeur sera colloqué avant les créanciers hypothécaires antérieurs et postérieurs. Quand la chose immobilière a été frappée par l'hypothèque elle était déjà grevée d'un droit réel antérieur ; de plus, il ne s'agit que d'une question de préférence ; et la circonstance que le privilége est dépourvu d'un droit de suite, est sans influence dans le concours ; le conflit s'élève, entre plusieurs créanciers du même individu.

Notre opinion repousse les distinctions proposées (1), car la même situation juridique s'impose dans toutes les hypothèses. Avec la réalité du droit, il est d'abord évident que

(1) Troplong, I, 43. — Mourlon, n° 60. Carette Observation Sir. 30. 1, 181. Sir. 33, 2, 472. Sir. 40, 2, 148.

9

la condition des créanciers hypothécaires est la même,
que celle des créanciers chirographaires. En deuxième
lieu, il n'y a pas à s'occuper de la question de savoir
s'ils sont antérieurs ou postérieurs à l'immobilisation ?
Voudrait-on invoquer la bonne foi de ces derniers et
conclure *à part* de la situation d'un second acquéreur
ou d'un créancier gagiste (1)? Mais on oublie, que l'art. 2279
n'est plus applicable en cette matière, et que la bonne foi
du second acquéreur, ne lui servirait pas, s'il n'avait la
possession ; de même pour le créancier gagiste. Cette préférence n'est donc pas attachée à la bonne foi, mais à la
possession; et aucune analogie n'est possible.

On a dit encore : puisque le privilége s'est immobilisé
avecle meuble, il doit être soumis aux formalités de l'inscription, pour être opposable au créanciers hypothécaires.
Cette objection repose sur une pétition de principe ; le
privilége ne s'est point immobilisé, autrement il n'existe-
rait plus; l'immobilisation est sans effet, vis-à-vis du vendeur (592, 593, C. P.). On insiste alors sur la position
fâcheuse des créanciers hypothécaires : leur vigilance ne
pourra même les préserver d'une erreur. Il est facile de
répondre, que les droits du vendeur ne sont pas moins respectables, qu'il n'a aucune faute à se reprocher. La doctrine
contraire, arriverait d'ailleurs, a des conséquences plus
déplorables. Personne n'ignore, qu'il n'est guère de
biens, qui ne soient grevés d'hypothèques. Si le débiteur n'a
pas une position embarrassée, il peut avoir ses biens frap-
pés d'hypothèques légales, soit au profit d'une femme, soit
au profit d'un mineur : en pareilleoccurence le privilége du
vendeur ne sera plus qu'illusoire. Ce sera d'autant plus
fâcheux, que ces hypothèques ne sont pas soumises au régime de la publicité, et que le vendeur peut ignorer l'existence
de ces droits. Ces considérations ont encore plus de force, si
les meubles immobilisés sont des machines et des appareils

(2) Marcadé. Commentaire de l'art. 1654.

destinés à des établissements industriels. Qui ne voit les
les entraves, apportées au commerce, si le privilége est
soumis à de pareilles éventualités? Ceci fait dire à M. Pont
(1),que peut-être serait-il bien qu'une exception fut admise
dans l'intérêt des fabricants de . machines qui, achetées avec
terme, sont ensuite incorporées à des bâtiments. Cette
exception n'est pas nécessaire, selon nous. Espérons, que la
jurisprudence, assez longtemps hésitante, se ralliera à cette
doctrine, et admettra, enfin, l'exercice du privilége à l'encontre de tous les créanciers sans distinction.

CHAPITRE V.

Classement du privilége.

La loi reconnaît sur les meubles deux sortes de priviléges,·
les priviléges généraux, et les priviléges spéciaux ; le vendeur peut donc se trouver en conflit avec des créanciers
privilégiés sur tous les meubles, ou avec des créanciers
privilégiés spécialement sur le même objet 2101, 2102, C. N.
Dès lors, il faut s'occuper du rang à assigner au vendeur
parmi les concourants.

SECTION Ire.

Conflit entre le vendeur et des créanciers à priviléges généraux.

Le privilége du vendeur, suit ici le même sort que les
autres priviléges spéciaux, ce qui nous oblige à régler
d'une manière générale, le conflit entre les priviléges
spéciaux et les priviléges généraux.

(1) Pont. Des priviléges, p. 120, n° 154.

Un premier système (1), attribue la prééminence, aux privilèges généraux. La généralité des droits, trahit la préférence de la loi; car la faveur d'une créance, se mesure, par l'étendue de la garantie qui lui est accordée. De plus, en cas d'insuffisance du mobilier, les privilèges généraux s'exercent sur les immeubles, de préférence aux privilèges spéciaux immobiliers. N'y a-t-il pas là une a fortiori, ou tout au moins une analogie frappante? 2105, C. N. Enfin, on ajoute, qu'en présence des considérations d'humanité, qui servent de base aux privilèges généraux, il est impossible de ne point leur accorder la préférence, sur des privilèges créés pour les intérêts particuliers des créanciers,

Un second système (2), diamètralement opposé, répond victorieusement à ces raisons, plus fortes en apparence qu'en réalité.

Si les privilèges de l'art. 2101 sont généraux, ce n'est point que le législateur les juge préférables, c'est qu'ils ne pouvaient être spéciaux, et qu'il était impossible de les cantonner sans injustice, sur tel ou tel meuble. Au contraire, les privilèges de l'art. 2102 sont spéciaux, parce qu'ils ne pouvaient être généraux sans arbitraire, ils sont tous fondés, en effet, ou sur idée de gage formel et tacite, ou sur une idée de plus value, apportée par le créancier dans le patrimoine commun; la spécialité ressort de la nature même des choses.

L'analogie tirée de l'art. 2105, n'est guère mieux fondée; a un argument a *simili*, on peut en opposer un à *contrario*, d'autant mieux que l'objet mobilier est ordinairement de peu de valeur, comparativement aux immeubles. Ensuite, la cause de ces créanciers est des plus favorables,

(1) Massé et Vergé, t. 5, § 823. — Troplong, op. cit., n° 74. — Chauveau, sur carré. Qu. 2175 et 2177. Jay, Revue critique, t. 1, p. 116 et surtout Pont op. cit. n° 178. Arrêt de la Cour de Bordeaux. Sir. 53, 2, 444.

(2) Duranton, XIX, n° 103. Dalloz, Hypoth. chap. 1, S. 3, art. 1. Valette, t. 1, n° 117. D. P. 49, 1, 250.

puisque ceux dont le privilége repose sur une idée de gage, repoussent le propriétaire lui-même ; si la possession l'emporte sur la propriété, elle ne saurait fléchir en face d'une créance même privilégiée ; quant aux créanciers, dont le privilége se réfère à une idée de mise ou de conservation d'un objet dans le patrimoine, leur cause n'est pas moins sacrée, et ils doivent primer les créanciers à priviléges généraux, par analogie du rang attribué aux frais de justice parmi ces derniers.

Reste enfin la dernière objection, tirée de certaines considérations d'humanité. On ne veut point nier, que les intérêts des créanciers de l'art. 2101, soient très respectables mais il s'agit de savoir, s'ils le sont au point de justifier toute une série d'injustices, qui ne manqueraient pas de se produire. En face des créanciers gagistes, il est certain que ces créanciers n'ont pas dû compter sur des meubles cédés à autrui, à titre de sûreté spéciale ; les créanciers gagistes, au contraire, n'ont aucune raison de croire qu'on enlèvera leur gage. En définitive, s'il y des inconvénients à ce que les créanciers à priviléges généraux, soient primés sur un objet particulier, n'y a-t-il pas une compensation suffisante dans la généralité du privilége, et dans son extension aux immeubles ? Il n'y en aurait aucune, si l'on enlevait au créancier gagiste sa seule ressource.

L'équité, la justice, les intérêts légitimes des créanciers, viennent se grouper ensemble, pour accorder la préférence à la spécialité (1); en conséquence, le privilége du vendeur l'emportera sur les priviléges généraux, hormis les frais de

(1) Nous devons mentionner un troisième système qui détermine le rang du privilége par la faveur que mérite la nature de la créance. Aubry et Rau, t. 2 § 289, n° 2. Arrêt de Cassation. D. P. 64, 1, 80. Voyez dans le même sens, une remarquable dissertation de M. Rodières, professeur à l'École de Droit de Toulouse. Journal du Palais, 64, 465. Point de solution générale. Mais, comparaison des priviléges un à un et détermination du rang par la faveur que paraît mériter chaque privilége. Voilà le système éclectique.

justice, qui ont conservé la masse commune du mobilier, dans l'intérêt des créanciers.

Conflit entre le vendeur et les créanciers à privilèges spéciaux de l'article 2102.

Les privilèges de l'art. 2102, peuvent être divisés en deux catégories, si l'on se rattache à la cause qui les a fait naître : les uns proviennent d'une idée de gage exprès ou tacite, les autres, d'une idée de mise ou de conservation de la chose, dans le patrimoine du débiteur commun.

En généralisant les solutions données par la loi, il est facile d'établir cette proposition : chaque fois qu'il y a conflit sur le même meuble, entre privilèges spéciaux, la préférence est accordée, à ceux qui reposent sur un nantissement exprès ou tacite.

Les conflits réglés par la loi, renferment l'application de cette règle générale.

1° Le privilège du bailleur, l'emporte sur celui du vendeur, aux termes de l'art. 2102, § 4.

Cette préférence est fondée sur cette idée, que le bailleur n'a aucun moyen de s'assurer, si les meubles apportés par le locataire, ont été payés, tandis que le vendeur est en faute, en n'exigeant pas l'argent contre la chose. La solution de la loi, est également commandée par l'application de la maxime : En fait de meubles la possession vaut titre. Cette règle garantit aussi bien celui qui détient *jure pignoris*, que celui qui possède *jure domini*. C'est là, ce qui explique la condition de bonne foi, requise en la personne du bailleur. Cette bonne foi consiste dans l'ignorance des droits du vendeur; du reste, elle n'est exigée qu'*in principio*; une connaissance postérieure, ne saurait changer sa position. C'est au moment de l'entrée en jouissance, que le bailleur a apprécié la solvabilité plus ou moins probable du locataire, d'après la quantité et la valeur des meubles apportés dans la maison louée. Il repoussera donc le vendeur dans l'exercice de son privilége, comme il repousserait le propriétaire lui-même ; tant est grande la faveur dûe à la possession de bonne foi.

2° Le créancier, qui a vendu ou réparé des ustensiles aratoires, prime le bailleur. C'est là une dérogation à la règle générale, justifiée par des raisons spéciales à la nature de la dette, et aux caractères des intérêts en jeu. La loi a voulu, avant tout, constituer un crédit bien assuré au fermier, qui travaille et exploite le sol; le locateur ne peut s'en plaindre, puisqu'il a le premier rang sur la récolte; d'ailleurs, il a pu s'y attendre ; dans les campagnes, il est d'usage d'établir des comptes-courants, envers les fournisseurs, et ces comptes ne sont acquittés, pour l'ordinaire, qu'après la récolte. On pourrait encore aller plus loin, et justifier l'exception, par cette considération, qu'il y aurait mauvaise foi pour le propriétaire, à croire, que le prix de ces ustensiles a été payé. L'exception rentrerait alors dans la règle.

3° Le vendeur de semence, ou l'ouvrier qui a travaillé à la récolte, sont préférés au bailleur sur le prix de la récolte. Nous trouvons dans cette décision, le principe d'une autre règle, qu'on peut ainsi formuler. Le créancier, qui a mis ou conservé dans le patrimoine du débiteur, la chose qui sert actuellement de gage à d'autres créanciers, doit être payé avant eux, sur le prix de cette chose.

Ceci n'est vrai, que s'il y a antériorité du nantissement.

Il s'agit maintenant de régler les conflits non prévus par la loi; nous aurons à combiner les règles précédentes, afin de bien déterminer la position du vendeur vis-à-vis des concourants privilégiés.

Ces conflits peuvent se ramener à trois principaux :

1° Conflit entre créanciers nantis ;

2° Conflit entre créanciers qui ont mis ou conservé une valeur, dans le patrimoine du débiteur.

3° Conflit entre créanciers nantis et les précédents.

A. Le conflit entre plusieurs créanciers successivement nantis, suppose un détournement frauduleux de la chose, par le débiteur (1), entre les mains du créancier, puis affectation de la même chose à un autre créancier. Le premier l'emportera sur les suivants ; l'art. 2270 n'est pas applicable.

B. Le deuxième conflit nécessite plusieurs distinctions.

1° Conflit entre plusieurs conservateurs successifs.

Le plus récent prime le plus ancien : sans lui, les soins antérieurs seraient inutiles. (Décision analogue, 323, C. C.) Cette règle ne s'appliquerait pas, si les conservateurs ont été associés, dans une série de travaux successifs ou différents, mais tendant au même but ; ainsi pas de hiérarchie à l'égard des frais de justice, faits en différents temps, par plusieurs officiers ministériels. Si l'action a été séparée, le out était commun, et l'œuvre unique. Ils viendront entre eux au marc le franc, puisqu'ils sont privilégiés au même titre.

2° Conflit entre plusieurs vendeurs successifs. On peut supposer que le second acquéreur, n'a pas reçu tradition ou que le prix est encore dû. Dans ces hypothèses, le privilège du premier vendeur n'est pas éteint, puisque la chose ou la créance du prix, est encore en la possession du premier acheteur. Il est de toute évidence, que le premier sera préféré au second, cela par analogie de ce qui se passe en matière d'immeubles. 2103, § 1, C. N. Mais il faut prendre garde de pousser l'analogie trop loin, car si l'on supposait deux reventes successives, le privilège de Primus ne pourrait être opposé à celui de Tertius, sans se baser sur un droit de suite, qui fait défaut en matière mobilière (2).

(1) S'il est vrai que la possession fait seule la force du droit du gagiste, il faut remarquer, que cette règle ne s'applique, que s'il y a eu dépossession volontaire.

(2) Contra Mourlon op. cit. § 207, p. 634.

3° Conflit entre vendeurs et conservateurs.

Le conservateur doit l'emporter aussi bien sur le vendeur, que sur le créancier gagiste ; c'est la généralisation du principe émis dans le troisième conflit, réglé par la loi entre le vendeur de semence, l'ouvrier, et le bailleur sur le prix de la récolte.

C. Conflit entre créanciers nantis, et ceux qui ont conservé ou mis dans le patrimoine, la valeur en question.

1° Conflit entre un créancier nanti et un vendeur.

Il n'y a qu'à appliquer la règle posée dans l'art. 2102, § 4, au cas de conflit entre le bailleur et le vendeur. Les créanciers nantis doivent être de bonne foi pour invoquer l'art. 2279.

Cette solution doit-elle être restreinte aux meubles auxquels la maxime est applicable ? Faut-il dire par exemple, que dans le cas où le cessionnaire d'une créance, l'aurait donnée en gage à l'un de ses créanciers, la bonne foi du gagiste ne serait pas pour lui une cause de préférence ? Nous serions tentés de l'admettre ; le cessionnaire n'a pu engager la chose, que telle qu'elle était en ses mains, c'est-à-dire avec la charge dont elle était grevée.

2° Conflit entre créanciers nantis et conservateurs.

Il faut distinguer, si les frais de conservation sont postérieurs au nantissement, ou s'ils sont antérieurs. Dans le premier cas, le conservateur a travaillé pour le gagiste, et il obtient la préférence ; dans le second, la situation se règle d'après l'art. 2279, et suivant que le gagiste a connu ou non, les frais.

Tel est l'ensemble du classement des priviléges spéciaux (1), la position du vendeur, vis-à-vis des autres créanciers, peut être ainsi plus facilement appréciée.

Mais voici une hypothèse assez curieuse, dont le règlement présente certaines difficultés.

---

(1) La généralisation de ce classement est due à MM. Valette, Demante, Troplong et Duranton.

Supposons entre deux créanciers, dont l'un prime l'autre, un créancier intermédiaire appelé avant celui des deux qui a le premier rang, mais, après le créancier du second rang. C'est, par exemple, une chose vendue et apportée, par l'acheteur, dans une maison louée par lui. Le locateur connaît l'existence du privilége du vendeur ; mais il ignore les réparations, et n'a point connaissance du privilége du conservateur. Dans cette hypothèse, le locateur passe après le vendeur, mais il prime le conservateur qui est préféré au vendeur. Comment classer ces trois créanciers? La difficulté est grande, puisque ils s'excluent réciproquement, et qu'en suivant la loi, on tournerait dans un cercle indéfini.

M. Troplong, dans une espèce analogue, propose un moyen de concilier ces règles différentes. D'après ce système, le locateur prendrait rang avant le conservateur, mais il cédera son droit au vendeur, jusqu'à due concurrence ; puis, pour l'indemniser de ce qu'il aurait versé entre les mains de ce dernier, le locateur sera subrogé à ses droits et viendra au rang du vendeur.

Ce mode de procéder est loin d'amener une solution ; si le locateur remet son argent au vendeur, à son tour celui-ci doit le remettre au conservateur qui lui est préférable, puis ce dernier le remettra au locateur, et ainsi de suite. Cette situation, sans issue possible, ne peut être admise ; et en présence d'un pareil résultat, il vaut mieux dire, que les priviléges, sont en fait supprimés, non point au regard de la masse des autres créanciers, mais dans les rapports particuliers et personnels du vendeur, du conservateur et du locateur.

La force même des choses, et la logique, amènent en conséquence, le règlement du concours au marc le franc, et par voie de contribution.

DU

DROIT DE REVENDICATION DU VENDEUR

D'EFFETS MOBILIERS NON PAYÉS

CHAPITRE Ier.

De la nature du droit de revendication.

Le législateur, dans l'art. 2102 § 4, deuxième alinéa, a organisé à côté du privilége, un droit de revendication en faveur du vendeur non payé, dans le cas d'une vente sans terme. Il importe de savoir, en quoi consiste ce droit de revendication, quelle en est la nature et quelles sont ses conditions. C'est là une des questions les plus ardues et les plus discutées de notre droit; trois système sont en présence; nous avons à les examiner, et à choisir, celui qui nous paraîtra le plus en harmonie, avec les principes de notre Code et les traditions Coutumières.

En général, on peut dire que l'action en revendication, est celle par laquelle on se prétend propriétaire, et en affirmant son droit, on en réclame l'exercice, c'est-à-dire la possession.

Si on part de cette base vraie *a priori*, on arrive à relever une contradiction manifeste, entre l'art. 2102 § 4, et l'art. 1583. C N. La propriété se transfère par le seul consentement des parties , au moins *inter partes* ; le fait même de la vente , encore non suivie de tradition , enlève au vendeur son droit de propriété. L'art. 1141 n'est pas contraire à ce principe ; car si le second acheteur est préféré , c'est parce qu'il est possesseur de bonne foi , à la suite , il est vrai d'une acquisition faite *a non domino* , et comme tel protégé par l'art. 2279.

Quelle que soit la doctrine, que l'on adopte sur ce point, cela importe peu, du reste ; car l'acheteur a reçu la tradition, et dans tous les cas, la propriété est transférée. La difficulté est toujours la même. Comment comprendre que le non propriétaire puisse revendiquer, en vertu d'un droit qu'il n'a plus ? Comment concilier les articles 2102 § 4 et 1583 ?

Trois conciliations ont été proposées ; mais, nous ne pouvons les apprécier, qu'après avoir exposé brièvement, la théorie romaine en matière de vente ; et avoir rappelé les principes de notre droit Coutumier.

Le droit romain a toujours distingué, d'une façon fort nette, le *titulus* et le *modus acquirendi*, le titre, et le mode d'acquérir, deux choses qui sont aujourd'hui confondues.

Un titre est seulement générateur d'obligations ; la propriété n'est déplacée, que par certains actes, ayant pour effet ordinaire , de prévenir le public du changement du droit. Ces modes d'acquérir, n'étaient pas toujours les mêmes ; et ici nous avons à relever la fameuse distinction, entre les choses *mancipi* et *nec mancipi*. La mancipation tomba de bonne heure en désuétude ; il y avait des formalités gênantes, dont le bon sens pratique des romains, fit bientôt justice ; la tradition , suffisante déjà pour transférer les choses *nec mancipi*, donnait l'*in bonis* des choses *mancipi*.

Cette propriété prétorienne, garantie comme la propriété civile, au moyen de fictions imaginées par le préteur, menait d'ailleurs au *dominium* par l'usucapion. On pouvait donc dire, que la tradition était le *modus acqui-*

rendi, généralement employé, pour l'exécution des obligations, nées d'un contrat de vente antérieur, d'un legs etc.

Entre la vente au comptant et la vente à terme, il y avait, en droit romain une profonde différence; dans le premier cas, la tradition n'était translative de propriété que sous la condition suspensive du paiement du prix, ou d'une satisfaction équivalente. Vendre au comptant, c'était selon un vieil adage connu à Rome; *græca fide mercart* (1).

Le vendeur n'entendait point se confier à l'acheteur; il agissait donnant, donnant. A défaut de paiement, il avait une véritable action en revendication, par laquelle, il reprenait possession de la chose, *jure dominii,* sans pour cela se soustraire aux obligations réciproques, d'un contrat toujours existant. La résolution n'était pas sous-entendue à Rome, et l'adjonction d'un pacte résolutoire, dit *lex commissoria,* était seule susceptible, de donner l'action en résolution.

La position du vendeur avec terme, était loin d'être aussi avantageuse. La tradition transférait immédiatement la propriété; le vendeur, en suivant la foi de l'acheteur, s'était volontairement exposé à toutes les chances d'insolvabilité. Une simple action personnelle, dite *vendiri,* lui était donnée, pour réclamer le paiement. L'esprit inventif de la nation Romaine, avait trouvé moyen de remédier, en partie, à ses inconvénients, par la combinaison de la clause de précaire et du pacte résolutoire.

L'acheteur n'était plus qu'un simple précariste, auquel le vendeur enlevait la possession, à défaut de paiement à l'échéance; puis, subsidiairement le vendeur provoquait la résolution. Cette méthode, surtout usitée pour les immeubles, persista jusqu'en 1789, dans le ressort du Parlement de Toulouse.

(1) Les Grecs ne faisaient point de crédit, et on n'avait rien, chez eux, que l'argent à la main. Plaute, Asinaria. Platon, I., 14. De legibus.

Telle était la théorie romaine, beaucoup plus logique que la nôtre. Le droit de revendication existe dans la vente au comptant, mais le vendeur était resté propriétaire (1).

Notre ancien Droit français avait-il adopté la doctrine romaine? Il est inutile de revenir sur les développements déjà donnés, mais il faut rappeler, que le vendeur nous apparaissait comme un créancier privilégié, soit qu'il y ait un terme, soit qu'il n'y en ait pas un. La propriété a toujours été transférée immédiatement, par la tradition.

Les Romanistes du XVI⁰ et du XVII⁰ siècle, cherchèrent à obscurcir des notions si simples à l'origine. Pothier, par exemple, dans ses notes sur la coutume d'Orléans, fait remarquer, que celui qui a vendu sans terme, peut revendiquer la chose vendue, parce qu'il en est resté propriétaire nonobstant la tradition.

Telle n'est pas la base du droit de accordé au vendeur; la revendication n'est que *l'accessoire du privilége;* le vendeur agit pour être payé du prix, il veut demeurer saisi jusqu'au paiement : c'est donc la revendication d'un véritable droit de gage, concédé comme sûreté de la créance.

En est-il de même dans notre droit? C'est ce que nous allons voir.

I⁰ *Conciliation.* — La revendication, organisée dans l'art. 2102, § 4, n'est que la conséquence d'un droit de résolution, analogue à celui consacré dans l'art. 1654, mais exercé à l'encontre des créanciers de l'acheteur.

L'action en résolution est de deux sortes ; entre le vendeur et l'acheteur, on applique l'art. 1654. Cette action est personnelle, et durera trente ans ; elle sera admissible,

(1) Inst. L. 2, § 41. Venditæ vero res. Voyez pour l'exposition claire et méthodique de tous ces principes, le cours de M. Humbert. Droit romain 1ʳᵉ année. Explication du § 41 des Instilutes.

aussi bien dans la vente au terme, que dans la vente au comptant.

Entre le vendeur et les créanciers de l'acheteur, l'action en résolution change de caractère. Elle n'existe plus alors que dans la vente au comptant, et sa durée est restreinte à un délai de huit jours. Ces conditions plus rigoureuses, sont, d'ailleurs, suffisamment expliquées par l'intérêt des tiers, qui ont compté sur la chose, qu'ils ont vue entre les mains du débiteur.

Ainsi, il y a une double action en résolution; l'une, personnelle; l'autre, réelle; l'une, durant trente ans; l'autre, huit jours.

Voilà, il semble, de bien grandes différences, pour une seule et même action, mais au moins, sont-elles justifiées, soit par l'art 1654, soit par l'art. 2102, § 4?

L'article 1654, qui s'occupe d'une manière générale, de la résolution, ne contient aucune distinction. La propriété, révocable vis-à-vis de l'acheteur, ne peut être irrévocable vis-à-vis de ses créanciers. Les droits ne sont-ils pas, en effet, les mêmes dans la personne des ayant-cause, que dans la personne de leur auteur?

La logique du droit, et la généralité du principe posé dans l'art. 1654, amènent naturellement à cette conclusion : que ce qui est résoluble à l'égard du débiteur, l'est également à l'égard de ces créanciers. Si on ne voulait point tenir compte d'une situation, qui s'impose ainsi d'elle-même, on pourrait effacer de nos Codes, l'art. 1654, ou du moins, le considérer comme une lettre morte. N'est-il pas évident, que la résolution, ne sera demandée, qu'en présence d'un débiteur, que l'on a tout lieu de croire insolvable, c'est-à-dire en face de créanciers concourants.

On insiste en disant, que si l'art. 1654 est général, l'exception est confirmée dans l'art. 2102 § 4.

Il faut remarquer tout d'abord, que le droit de revendication est présenté comme l'accessoire du **privilége**, comme un secours (*adjutorium*) accordé au vendeur ; il ne doit pas pouvoir empirer sa situation, et lui retirer un bénéfice du droit commun. Ce droit a été, en effet, introduit contre les créanciers et non en leur faveur. Et cependant, on viendrait à traiter le vendeur moins favorablement, que le coéchangiste et même que le donateur avec charges, puisqu'il n'aurait que huit jours, pour faire valoir son droit ! Enfin, n'est-on pas obligé de convenir, qu'il y a une profonde différence, entre une action en résolution, et un droit qui nous apparait, comme devant assurer de plus fort, la parfaite exécution du contrat.

On a dit, que l'intérêt des tiers exigeait ces restrictions, à l'exercice du droit de résolution ; mais leur intérêt exigeait bien plutôt la restriction du privilége. Si le législateur ne l'a pas fait, c'est donc, qu'il ne voulait pas protéger les créanciers.

En définitive, le système que nous combattons, blesse à la fois, les termes de l'art. 1654, et l'esprit de l'art. 2102, pour créer des différences inexplicables, entre la vente au comptant et la vente à terme, entre l'acheteur et ses créanciers, entre le vendeur et ceux qui puisent leurs droits dans tout autre contrat synallagmatique.

Cette première conciliation due à M. Duranton, doit donc être rejetée (1).

IIme *Conciliation*. — La revendication et le droit de résolution, sont deux droits essentiellement distincts. La

---

(1) Duranton, t. XVI, n°s 204 et 580 ; t. XIX, n° 120.

Voyez encore les Observations de de Villeneuve dans Sirey, 37, 1. 44. Le législateur aurait prévu dans l'art. 2102, § 4, 2 al. ; le cas d'une vente d'objets mobiliers faite à une époque où les biens de l'acheteur sont déjà sous la main des créanciers, et sur le point d'être saisis et vendus. Dans ce cas, si le vendeur n'a accordé aucun crédit, s'il a vendu au comptant, la loi, par une disposition toute exceptionnelle, lui accorde huit jours pour revendiquer sa chose, à défaut de paiement du prix. Une fois ce court délai passé, le vendeur retombe dans la condition d'un vendeur ordinaire.

revendication, n'est que la conséquence d'une résolution de plein droit, dans les ventes au comptant, et dans un délai de huitaine. Le droit ordinaire de résolution subsiste d'ailleurs, pour les ventes sans terme, après huitaine, et dans les ventes avec terme. Il n'est point difficile, de s'apercevoir des nombreux avantages, que présenterait, pour le vendeur, la revendication ainsi entendue. Mais où a-t-on trouvé cette résolution de plein droit? Dans les termes de l'art. 2102 § 4. dit-on

Il semble, que c'est là résoudre la question par la question, c'est dire, que le vendeur est redevenu propriétaire, parce qu'il revendique, c'est dire encore, que la revendication est inséparable de la propriété.

Il serait plus vrai de renverser la proposition et ainsi, on pourrait conclure de la propriété à la revendication. Cette déduction est alors loin d'être suffisante; car elle laisse tout à prouver. C'est à tort qu'on a nié le caractère juridique de l'expression: revendiquer un gage. Le Droit romain connaissait la *pignoris vindicatio*. Notre Code l'a également admise. Le législateur n'emploie-t-il pas, l'expression de revendication, à propos du locateur, qui poursuit la réintégration du meuble en sa possession? Dès lors, on ne peut plus dire que la revendication suppose invinciblement le droit de propriété, et par suite la résolution de plein droit.

Jusqu'ici, nous n'avons prouvé qu'une seule chose : à savoir, que le revendiquant peut n'être pas propriétaire; nous allons plus loin, en disant, que le revendiquant n'est pas propriétaire.

Comment comprendre, qu'un simple retard d'un ou de deux jours, par exemple, dans le paiement, mette le vendeur en position de tenir la vente comme non avenue, de revendiquer sa chose et de la reprendre malgré les offres de paiement. S'il en était ainsi, la propriété irait et viendrait au gré d'une partie; le vendeur, sous les prétextes les plus frivoles, pourrait toujours revenir

10

sur des actes qu'il regrette, et briser ainsi du même coup, toutes les légitimes espérances de l'acheteur, dont la seule faute est de ne pas avoir payé, *in ipso negotio.*

Le système de la *résolution de plein droit,* qui lèse ainsi des intérêts, si respectables, est également en opposition flagrante, avec les principes généraux du droit. Un contrat, œuvre commune de la volonté des parties, ne peut, en général, être détruit par le fait isolé de l'un des contractants. Si l'une des parties, n'obéit point aux lois du contrat, l'autre est dans le droit d'en provoquer la résolution. Dans tous les cas, elle doit être demandée en justice (1184 et 1655) ; le juge est investi dans cette hypothèse, d'un pouvoir appréciateur, consistant dans la faculté d'accorder un délai de grâce; et ce qui est plus fort, alors même qu'il a été stipulé une résolution de plein droit, le vendeur est toujours dans l'obligation de procéder à une sommation préalable 1656, C. N.

En vain, pour répondre à ces considérations, objecterait-on l'article 1657, qui donne au vendeur le droit de résoudre la vente de plein droit, et sans sommation, s'il n'y a pas eu *retirement de la chose* à l'époque indiquée.

L'article 1657, contient une disposition exceptionnelle, visant une situation complètement différente de celle, de l'art. 2102. Il doit être écarté, car il n'y a eu ni de terme fixé, ni clause formelle et spéciale. Le droit commun est seul applicable, ou bien il faut dire que l'art. 1657 est général, et que toutes les ventes sans terme, sont résolues, s'il n'y a pas retirement immédiat.

Le système de la revendication, *jure domini,* n'a donc pour base, qu'une donnée inexacte, la fiction de *resolution* de plein droit; de plus, il est en contradiction avec les principes généraux du droit, et aboutit en définitive aux résultats les plus injustes. — Ce sont là des raisons suffisantes, pour nous faire rejeter une conciliation, que d'éminents

auteurs (1) ont cru devoir soutenir de leur nom et de leur
autorité.

III° *Conciliation* (2). — Le droit de revendication ne
constitue, ni une véritable action en revendication, ni
une action en résolution, mais une action *sui generis*,
consistant dans la *revendication du droit de retention*.

Le droit de retention, c'est la faculté qu'a le détenteur
d'une chose appartenant à autrui, d'en conserver la possession, ou la détention, jusqu'à l'acquittement de ce qui
lui est civilement dû, à l'occasion de cette chose.

Ce droit est une garantie et une sûreté accordée au
rétenteur, contre les dangers de l'insolvabilité du débiteur ;
il est également opposable aux ayants-cause du propriétaire, et au propriétaire lui-même. La réalité du droit de
retention est aujourd'hui généralement admise dans la doctrine : c'est là du reste une conséquence forcée du but, en
vue duquel ce droit, tout d'équité, a été introduit dans nos
lois.

Le droit de rétention est formellement reconnu au profit
du vendeur, dans l'art. 1612; mais la vente doit être au
comptant. Ceci nous explique facilement, pourquoi le droit
de revendication n'existe, que dans la même hypothèse.
D'ailleurs, le vendeur a un intérêt puissant à revendiquer
la détention du meuble, par lui vendu. L'acheteur peut, en
effet, détruire la chose, ou tout au moins, la soustraire
aux recherches de son créancier : il peut encore la revendre à un tiers de bonne foi, et en recevoir le prix. En pareille occurrence, le vendeur serait, à la fois, dépouillé de
son privilège et de l'action résolutoire; une fois mis en
possession, il est à l'abri de telles éventualités. On pourrait objecter, que le vendeur ne fait, après tout, que

_____

(1) Troplong, des Hypoth. I, 193.

(2) Admise par Bugnet, Valette, Vuatrin, elle est généralement enseignée à la Faculté de droit de Paris. Aubry et Rau, t. III, § 357;
Pont, op. cit., n° 188. M. Poubelle à son cours. 20 mai 1866.

supporter les conséquences de sa faute. Pourquoi s'est-il dessaisi ? La loi n'a pas voulu user de rigueur envers un créancier assez confiant pour suivre la parole de l'acquéreur ; en même temps, elle n'entendait pas apporter de nouvelles entraves au commerce de tous les jours, en plaçant le vendeur dans une position telle, qu'il n'aurait pu vendre sans remboursement immédiat.

Le droit de revendication est donc le complément nécessaire des garanties accordées au vendeur, c'est-à-dire du privilége et de l'action résolutoire.

Cette explication a le mérite de concorder, d'une manière parfaite, avec les conditions d'exercice du droit, avec les textes et l'esprit de la loi, et aussi avec l'interprétation de Dumoulin, sur l'art. 176 de la Coutume de Paris (1).

Le droit de revendication, n'est plus un mode de résolution du contrat ; dès lors, il n'est pas étonnant de le voir accompagner un autre droit, destiné à assurer de plus fort l'exécution du contrat.

Les conditions d'exercice du droit de revendication, s'expliquent d'elles-mêmes, s'il ne s'agit que d'un droit de rétention. Pourquoi le vendeur ne peut-il revendiquer, que dans les ventes au comptant ? C'est que le droit de rétention n'existe, que dans cette hypothèse. Si, au contraire, on ne voyait dans la revendication, que l'exercice du droit de résolution, il n'y a point de raison, pour ne pas l'admettre, à défaut de paiement, à l'expiration du terme fixé. La condition résolutoire, n'est-elle pas toujours sous entendue dans les contrats synallagmatiques ?

Si le droit de revendication n'est admis, que dans la huitaine de la livraison, c'est qu'après ce délai, le vendeur est censé avoir suivi la foi de l'acheteur ; il y a concession tacite d'un terme indéfini, et du même coup, renonciation au droit de rétention. Comment expliquer la déchéance du

(1) Voyez notre partie historique, où se trouve développé notre argument capital.

droit de revendication, après huitaine, s'il s'agit de la résolution ?

La loi exige encore que l'objet soit en la possession de l'acquéreur, c'est que la revendication, tant de la propriété, que de tout autre droit, n'est jamais permise à l'encontre des tiers acquéreurs de bonne foi.

De plus, la chose doit être dans le même état, c'est-à-dire, avoir conservé la même forme spécifique, parce qu'en revendiquant, le vendeur ne demande que la reconstitution de la situation extérieure, résultat impossible, s'il y a des transformations, de nature à mettre obstacle, à la constatation de l'identité, ou de la valeur de l'objet vendu.

En face des traditions coutumières, notre théorie continue seule les principes posés par l'illustre Dumoulin. Les termes de l'art. 2102, § 4, sont à peu près calqués sur ceux de l'art. 176 de la Coutume de Paris. Le vendeur se présente comme créancier privilégié, et agit pour la conservation de son privilége ; il ne peut donc revendiquer autre chose que son droit de rétention. Il y a même un *à fortiori* à tirer des principes de notre droit. Aujourd'hui, la propriété est transférée par le seul consentement des parties, de sorte que l'on n'a pas même la raison de douter de l'ancien droit, où la propriété n'était transmise, que par la tradition, ce qui aurait pu faire soutenir jusqu'à un certain point, qu'on devait tenir comme non avenue, un tradition arrachée par surprise.

Entre un système qui explique tout, et un autre qui rend difficilement raison des conditions de l'art. 2102, § 2, entre celui qui réunit le droit et l'équité, et celui qui semble heurter les principes de nos Codes, et les termes de la loi ; nous n'avons pu hésiter, et il n'y a que le droit de rétention, qui nous paraisse servir de base à la revendication du vendeur d'effets mobiliers non payés.

CHAPITRE II.

Des conditions d'exercice de la revendication.

POSSESSION DE L'ACHETEUR.

Cette condition n'est qu'une conséquence nécessaire de la maxime : en fait de meubles, possession vaut titre, Tout tiers acquéreur de bonne foi, peut aussi bien repousser les concessionnaires de droit réel, que le propriétaire lui-même, dans le cas d'une vente à *non domino*. Le droit de revendication sera donc possible, vis-à-vis des acquéreurs ou des détenteurs de mauvaise foi ; mais dans tous les cas, là il tomberait devant le paiement du prix. Il n'en serait pas de même , s'il s'agissait de la revendication de la propriété. Car le contrat étant résolu, le vendeur est désormais libre de ses actions.

Que faudrait-il décider, si après une deuxième revente, le premier acquéreur retenait la chose, à titre de dépôt et précairement ? La revendication serait-elle possible ? Ce serait à croire ; le sous acquéreur n'a point reçu tradition, il n'a pas dans la possession, et par là n'est pas en mesure d'opposer l'art. 2279. La solution ne serait pas la même, si après une tradition réelle, le second acquéreur avait remis la garde de la chose au premier, à un titre précaire quelconque.

Dans le cas d'une tradition faite par l'acquéreur, on s'est demandé s'il n'y avait pas lieu de tenir compte du titre, en vertu duquel la tradition s'était effectuée. En raison pure, il semble , qu'on pourrait distinguer , entre les tiers acquéreurs à titre onéreux, ou à titre gratuit. Mais la loi positive ne fait aucune distinction, et à son point de vue, il faut même ajouter, qu'il n'y en avait pas besoin. Si la revendication n'est pas admise contre les tiers de bonne foi, ce n'est pas tant pour protéger leurs droits, quelque respectables qu'ils soient, que pour éviter des procès très coûteux et très compliqués, à raison de la rapide circulation des meubles, et de la facilité avec laquelle ils se transforment.

Le droit de revendication du vendeur, peut-il s'exercer, à l'encontre des droits du propriétaire locateur? Il faut reconnaître, que le droit du vendeur, n'est pas plus respectable, que celui du propriétaire lui-même; la quasi possession accordée au locateur, s'oppose comme celle du créancier gagiste, à la revendication du propriétaire, qui, par exemple, avait pu déposer sa chose entre les mains du locataire. En face de la maxime tirée de l'art. 2270, la même situation juridique existe pour l'un et pour l'autre; en conséquence, le vendeur ne pourra pas plus exercer son droit de revendication, que son privilége, à l'encontre d'un bailleur de bonne foi (1).

On a cherché à ébranler cette solution, par des raisons d'inconvénients, et par des considérations morales, mais ce n'est point au jurisconsulte, c'est au législateur, qu'il faudrait s'adresser. On voudrait encore isoler arbitraire-l'art. 2102 § 4, de l'art. 2270, pour en conclure, par un *à contrario*, que le droit de revendication l'emporte, sur le droit du locateur, puisque la loi ne l'a pas placé dans le même rang d'infériorité que le privilége. La réponse est facile; l'argument *a contrario*, est des plus faibles et n'est jamais concluant; ensuite il est fort contestable en présence de l'art. 2279, qui vise une situation générale, dans laquelle rentre notre hypothèse. Personne ne viendra soutenir, que là, où le propriétaire lui-même n'est pas protégé, le vendeur doit l'être.

(1) Contra. Arrêt de la cour de Paris. Journal du Palais, 1847, t. II, p. 251. Mourlon, Examen crt., p. 420. Voyez en notre sens Valette, (Traité des privil., t. I, p. 153 et 154.)

SECTION II.

Objet dans le même état.

Le privilége et la revendication, ne sont pas susceptibles d'être traités de la même façon, au point de vue des transformations de la chose. Le privilégo porte, plutôt sur la valeur, que sur la chose elle-même ; la revendication, au contraire, a pour but la restitution de la chose, dans son entité et sa forme spécifique.

Notre ancien droit, sous l'influence des idées romaines, avait confondu ces deux droits dans la vente au comptant.

Le privilége, comme la revendication, ne subsistait pas au moindre changement, car on était persuadé que le vendeur n'était privilégié, que parce qu'il était propriétaire. Aujourd'hui une pareille confusion n'est plus permise, et les mutations survenues, n'ont pas la même influence sur le privilége et sur la revendication. La revendication sera possible, tant que la chose vendue sera dans le même état, nous dit la loi. Quand donc ne sera-t-elle plus dans le même état ? D'abord, si la chose n'est plus reconnaissable ; ensuite s'il est survenu des modifications telles, que la chose ne peut plus revenir à son premier état. Ainsi c'est un bloc de marbre qui a été sculpté, le privilége existera encore ; car l'objet est au moins reconnaissable *in materia*, mais la revendication n'est plus possible. Quel est en effet son but ? C'est de remettre chacun dans la position, qu'il avait avant la délivrance.

Si la loi veut, que le vendeur trop conflant puisse se ressaisir de l'objet vendu ; elle ne veut point lui faire une position meilleure, que s'il n'avait pas délivré. L'équité serait blessée, et il ne faut pas oublier, que le droit de retention n'a d'autre fondement que l'équité.

SECTION III.

Revendication dans la huitaine.

Ce délai de huitaine, assigné à la revendication, s'explique de la manière la plus heureuse, par le droit de rétention. Ce droit n'existe pas, en effet, quand le vendeur a suivi la foi de l'acheteur. Or, au bout de huit jours, le vendeur est censé avoir suivi cette foi, et avoir accordé un terme tacite. Dès lors la base du droit de revendication fait défaut.

Nos anciens coutumiers avaient, dès l'origine, compris qu'il fallait restreindre ce droit dans sa durée, et ils se fondaient tous sur cette raison, que le vendeur, en laissant écouler un délai de huitaine, renonçait à être payé promptement.

Enfin, il ne faut pas oublier. qu'en livrant la chose sans en recevoir le prix, le vendeur a été tout au moins imprudent. La loi vient à son secours ; car la délivrance immédiate est souvent le résultat forcé de la position respective des parties contractantes. Le vendeur, par des raisons de crédit et de clientèle, est dans l'impossibilité morale de paraître soupçonner la solvabilité de l'acheteur. Mais il doit y avoir des limites à la protection de la loi, autrement on finirait par nuire à ceux, que l'on voudrait trop protéger.

APPENDICE

DU DROIT DE REVENDICATION

EN MATIÈRE COMMERCIALE

Le législateur, dans l'art. 550 du Code de Commerce., déclare que le privilége et le droit de revendication, établis par le n° 4 de l'art. 2102 du Code Napoléon, au profit du vendeur d'effets mobiliers, ne seront point admis en cas defaillite.

Nous devons ajouter, que cet article 550 est dû à la loi du 28 mai 1838, sur les faillites et banqueroutes. M. Quenault, député (1); dans son rapport sur le projet de loi, précise heureusement le sens de cette innovation :

« Dans les relations commerciales, la confiance des tiers
» se mesure sur l'actif apparent, qui consiste le plus sou-
» vent dans les biens mobiliers du débiteur. Cette confiance
» serait trompée, si l'exercice d'une revendication im-
» prévue, ou d'un privilége occulte, tel que celui du ven-
» deur d'un fonds de commerce, venait tout-à-coup
» absorber un actif, que les créanciers étaient fondés à
» considérer comme leur gage. »

Quelque respectable que fut le droit en question, les

---

(1) Rapport fait au nom de la commission chargée de l'examen du projet de loi, sur les faillites et banqueroutes, par M. Quenault, député de la Manche, séance du 17 mars 1838.

principes du Droit commercial, s'opposaient à ce que le
vendeur eût, dans un malheur commun, une position privilégiée. La faillite crée, entre tous les créanciers, une
solidarité d'intérêts et d'actions, de laquelle le vendeur
ne saurait se dégager; et s'il est vrai que l'union (*sensu*
lato) existe entre tous les intéressés, depuis la mise en
faillite, les principes d'égalité doivent dominer la situation,et servir de base à la réglementation des droits ri-
vaux. Il ne faut point, qu'une fortune considérable en apparence, soit un leurre pour ceux qu'elle attire, en s'écrou-
lant pièce à pièce, sous la masse des privilèges et des droits
de préférence.

Aussi ne peut-on qu'applaudir à la réforme législative
de 1838. Malheureusement le législateur, trop circonspect
quand il innove, crut devoir maintenir la revendication
commerciale, telle qu'elle existait dans le Code de 1807.

Ce droit toujours maintenu, fut cependant considéré à
toute époque, comme consacrant un principe d'inégalité
regrettable à tous les points de vue (1) : des raisons d'utilité pratique et les habitudes invétérées chez les commerçants, peuvent seules expliquer la persistance du droit de
revendication.

« On a craint qu'un débiteur, sentant les approches de
» la faillite et voulant grossir son actif, afin d'obtenir un
» concordat, ne fît par correspondance, des achats consi-
» dérables dans de villes éloignées, et enrichit ses créan-
» ciers,aux dépens des vendeurs, privés du droit de reven-
» dication. Ces craintes méritent d'être prises en grande
» considération. L'opinion favorable que les négociants·

---

(1) Dans le projet de commission, présenté aux consuls le 13 frimaire
an X; l'art. 551 exclut toute revendication sur les marchandises ou autres
effets mobiliers du failli.

En 1854, dans le projet primititif, le gouvernement avait également
proposé la suppression entière du droit de revendication.

» ont d'une garantie, suffit pour en faire un élément de
» crédit, qu'il importe de ménager (1). »

Le droit de revendication ainsi justifié, devait être
renfermé dans des limites assez étroites, pour ne point
engendrer l'arbitraire et l'injuste. D'après le droit commun
et les principes généraux, la revendication est possible :
1° tant que l'objet existe en la possession du tiers ; 2°
tant que le revendiquant peut prouver sa propriété.
En suivant cette règle, il n'est pas difficile de s'apercevoir, que la revendication n'aurait jamais été, que le
résultat d'un concert préalable entre le failli et certains
créanciers, qu'il voudrait avantager, pour en retirer
personnellement un bénéfice considérable. La fraude et
l'inégalité, auraient régné dans la distribution des biens
du failli.

Tel n'était pas le but du législateur. Le droit de revendication une fois admis, devait blesser le moins possible les
principes d'égalité, qui sont la loi de la faillite ; et il fallait le restreindre à une situation donnée, dans laquelle
les créanciers n'ont pu compter, sur les marchandises
revendiquées.

CHAPITRE I".

Des conditions d'exercice de la revendication.

Les conditions exigées par la loi (2) sont :
1° Que le prix soit encore dû ;
2° Qu'il y ait eu livraison ;
3° Que les marchandises ne soient pas entrées dans les
magasins du failli ;

(1) Extrait du rapport de M. Quenault n° 55.
(2) 476, 477, C. C.

4° Qu'il y ait identité constatée ;

5° Qu'il n'y ait pas eu revente sur facture et connaissement, ou lettre de voiture.

1° *Non paiement du prix*. — Si le vendeur est payé, sa position devient complètement indépendante de celle du failli ; n'ayant rien à perdre, il n'aura aucune réclamation à élever. Mais il s'agit de savoir quand le vendeur est payé. Ce qui rend la question délicate, c'est que les achats se soldent rarement en numéraire, c'est que les commerçants ont l'habitude, de procéder au paiement par équivalents, tels que billets, effets de commerce échus ou non échus, compte-courant, etc. Dans cette hypothèse, il faut s'en rapporter aux principes du Droit civil, et se demander s'il y a eu, oui ou non, novation. On applique alors aux faits, la règle de l'art. 1.73, en remarquant, que la novation ne peut résulter, dans tous les cas, que d'une incompatibilité entre les deux obligations (1).

La jurisprudence est entrée dans cette voie (2). Les juges auront, dans tous les cas, à examiner les faits, pour apprécier l'intention des parties. Certaines circonstances, peuvent néanmoins à priori, faire admettre le paiement ; ainsi, l'insertion du prix dans un compte courant, ou encore, l'endossement par le vendeur, de valeurs de portefeuille ; toutefois, ces présomptions tomberaient devant une intention contraire.

Le paiement partiel ne peut, dans aucun cas, préjudicier aux droits du vendeur ; la revendication est admise, à la charge de restituer les à-comptes reçus (576 C. C.).

2° *Livraison*. — S'il n'y a pas eu dessaisissement effectif, le vendeur n'a pas besoin d'un droit de revendication. Les articles 1138, 1612 et 1613 combinés, établissent,

---

(1) Voyez notre thèse supra, chap. IV, section I. Non paiement.

(2) Arrêt de rejet. Sir. 24, 1. 164. Sir. 25. 2. 179. Sir. 29. 2. 43. D. P. 51. 2. 102 et 103.

d'une manière explicite, un droit de retention au profit du vendeur non payé, soit que l'opération ait eu lieu à terme ou au comptant. L'article 577 du C.-C. n'est ici que l'application des principes généraux.

3° *Défaut d'entrée dans les magasins du failli.* — La possession des marchandises par le failli, constitue une fin de non recevoir, de l'action en revendication du vendeur. On dit communément, pour justifier cette condition, que les marchandises entrées dans le magasin, deviennent un élément de crédit, et que les tiers seraient abusés, si la revendication était possible (1). Il est facile de répondre que la plupart des affaires, se traitent par correspondance, et que par conséquent on ne peut se livrer à la reconnaissance des marchandises dans le magasin. Le véritable motif, c'est qu'en admettant la revendication, l'égalité entre les créanciers serait violée, puisque le hasard seul, ou la connivence du débiteur, ferait que le créancier perdrait ou conserverait son droit (2). Les marchandises peuvent, en effet, être revendues d'un moment à l'autre.

Des difficultés se sont élevées, sur le point de savoir comment il fallait entendre la condition de tradition, dans les magasins du failli. Pour les résoudre, il faudrait voir s'il y a possession réelle (3), sans s'occuper précisément du lieu du dépôt. Le failli doit avoir, dans tous les cas, libre et entière disposition de la marchandise. Ce principe nous conduit à décider que la revendication est encore possible, si les marchandises entrent dans les magasins après le jugement déclaratif.

4° *Identité.* — Cette condition n'est pas inscrite, dans

(1) Rapport de M. Tripier au nom de la deuxième commission de la chambre des pairs.

(2) Bravard Veyrieres, t. 5., p. 531 et Demangeat.

(3) Comme on peut acquérir la possession par autrui, la prise de de possession par un commissionnaire chargé de vendre, emporterait extinction du droit de revendication.

l'article 576, mais elle découle nécessairement de la nature du droit de revendication. L'article 580 de l'ancien texte du Code, indiquait certaines particularités de cette identité ; il a été justement supprimé, comme transformant en condition, de simples présomptions ; la constatation de l'identité, n'est plus aujonrd'hui qu'une question de fait.

5° *Non revente sur facture et connnaissement ou lettre de voiture.* — Le fait de la revente de la marchandise en route, empêche la revendication du vendeur originaire. Mais si les droits du tiers doivent être respectés, il ne faut point pour cela ouvrir la porte à la fraude. Le commerçant, sentant les approches de la faillite, pourrait s'adresser au loin, et faire de nombreux achats de marchandises, qu'il transmettrait immédiatement à un nouvel acheteur, le plus souvent de connivence avec lui ; de cette façon, il augmenterait d autant son actif, sans avoir à craindre ni le vendeur originaire, ni l'acheteur.

En prévision de pareils agissements, le législateur de 1838, exige deux conditions ; la vente doit être faite à la fois sur facture, et sur connaissement ou lettre de voiture ; de plus, la lettre de voiture doit être revêtue de la signature du vendeur originaire. Cette dernière exigence, a été introduite par la loi de 1838. La facture constate le droit à la propriété ; le connaissement ou lettre de voiture, le droit à la prise de possession ; la signature démontre, jusqu'à l'évidence, que le vendeur a entendu abdiquer tous ses droits. Cette innovation est d'autant plus heureuse, que la délivrance de la facture et de la lettre de voiture, s'effectue, dans les usages du commerce, à l'insu même du vendeur (1).

(1) L'expédition des marchandises est toujours précédée de la facture ; le capitaine du navire délivre plusieurs duplicata du connaissement ; le commissaire chargeur, par l'entremise duquel se fait l'expédition, peut délivrer copie de la lettre de voiture. Amendement de M. Meynard, séance du 24 février 1835.

CHAPITRE II.

Nature de la revendication.

Sur quelle base juridique s'appuie la revendication du vendeur? C'est là une question essentiellement délicate, et qui n'est pas sans rapport intime avec la discussion soulevée en droit civil, sur l'art. 2102, § 4 (1).

La plupart des auteurs, qui ont écrit sur le droit commercial, voient le fondement de la revendication dans la condition résolutoire, sous entendue dans tous les contrats synallagmatiques (art. 1184 et 1654, C. N.) La propriété dont le vendeur réclame l'exercice, ne serait suivant eux que la conséquence d'une résolution de plein droit.

Voici comment M. Tripier prétendait justifier le droit de revendication, devant la Chambre des Pairs : « La stipula-
» tion qui transmet la propriété, n'est pas pure et absolue,
» elle est subordonnée, à la condition que l'acheteur paiera
» la somme convenue... Par défaut de paiement du prix,
» la vente cesse d'exister, ou plutôt elle n'a jamais eu
» d'existence définitive; elle n'a pas été complétée et n'a
» pas opéré une translation entière de propriété. »

Les principes du droit sont, devons-nous le dire, complétement en opposition avec ces paroles. M. Tripier, dans ce passage assez obscur d'ailleurs, peut vouloir dire deux choses; ou bien que la translation de propriété n'a lieu, que sous la condition suspensive du paiement du prix; ou encore, que la résolution du contrat, s'opère de plein droit.

Quelque ait été au fond la pensée de ce jurisconsulte; il y a là une double erreur.

Dans notre droit, il y a confusion complète, entre le *titulus* et le *modus acquirendi;* la propriété est transmise

(1) Voyez notre thèse supra. De la revendication.

par le seul consentement des parties. Voudrait-on prétendre, que la propriété des meubles n'est transférée que par la tradition ? Mais il faudrait prouver encore l'effet suspensif attaché à cette tradition. Les principes romains ne peuvent plus être invoqués, en face de nos traditions coutumières, et du nouvel ordre de choses créé par les art. 711 et 1138.

D'autre part, la résolution de plein droit, dans les contrats synallagmatiques, ne saurait être admise, elle doit toujours être judiciairement prononcée. Ainsi, de tous les côtés, on se heurte aux principes fondamentaux de notre droit.

Pourrait-on passer outre, et dire que la faillite opère résolution de plein droit ? Ce serait là une idée des plus fausses. On voit bien, que la faillite prive le débiteur du bénéfice du terme ; mais on ne voit nulle part, qu'elle le dégage de ses obligations ; bien au contraire, l'art. 578 du C. C. déclare formellement, que les syndics auront la faculté d'exiger la livraison des marchandises, en payant au vendeur le prix convenu entre lui et le failli. S'il en est ainsi, c'est que le contrat existe toujours ; par conséquent, point de résolution de plein droit, et par suite, point de revendication proprement dite.

Et ici, j'avoue ne plus comprendre la théorie émise par MM. Bravard-Veyrières, et Demangeat son annotateur. Ces auteurs, en effet, tout en reconnaissant qu'il n'y a pas de résolution de plein droit, soutiennent néanmoins le système de revendication, *ex jure dominii*. Peut-être ne voient-ils, dans l'action en revendication, que l'action en résolution elle-même, exercée contre les créanciers ? Mais alors, par quel étrange enchaînement d'idées, le législateur est-il arrivé à confondre deux choses, si essentiellement distinctes ? Si on demande la résolution, c'est qu'on n'est pas propriétaire. Il y aurait contradiction dans la loi. Pour échapper à cette argumentation, voudrait-on démêler le contrat, de la question de propriété. Mais, comme

11

nous l'avons prouvé, le *titulus* et le *modus acquirendi*, sont aujourd'hui confondus; pour rétablir la distinction, il faudrait rayer de nos Codes les art. 711 et 1138.

Cette théorie, au point de vue des principes juridiques, est donc insoutenable. Faut-il alors quitter le terrain de la légalité, pour entrer dans le domaine de l'arbitraire? Et en est-on réduit, à considérer le droit de revendication, comme une mesure de faveur, comme un droit exorbitant, qui n'aurait d'autre excuse, que la pratique des usages commerciaux?

Nous croyons bien qu'il faudra en arriver à cette conclusion; mais voyons auparavant, si le législateur n'aurait pas voulu accorder au vendeur la revendication d'un droit de rétention, par analogie de l'art. 2102, § 4.

M. Demangeat déclare, qu'il ne peut accepter cette idée, car les travaux préparatoires, n'offrent aucune trace de cette doctrine. Il est facile de répondre, qu'il est inutile d'aller chercher dans les discussions pı éparatoires, ce que l'on trouve dans le Code lui-même. Pourquoi les syndics ont-ils le droit de payer le prix, s'ils croient qu'il est de l'intérêt de la faillite, d'obtenir les choses achetées par le failli? sinon, parce que le contrat existe toujours, et qu'il n'y a rien de résolu. Qu'y a-t-il de rescindé? C'est la tradition reçue *in fraudem creditoris*, et la revendication n'est pas autre chose, que l'extension du droit de rétention, que la loi reconnaît au vendeur dans l'art. 577 (1). Si l'on objecte, que la revendication existe, aussi bien dans le cas d'une vente à terme, que dans l'hypothèse d'une vente au comptant, on répond encore, qu'il n'y a rien là d'étonnant, puisque la faillite emporte déchéance du terme. L'opération se passe comme au comptant; les syndics peuvent exiger livraison immédiate en payant, et le vendeur peut réclamer le droit de rétention, comme dans une vente sans terme.

(1) Voyez en ce sens Delamarre et Lepoitvin, t. VI, p. 402.

Ce système parvient-il à expliquer, dans son ensemble, le droit du vendeur, tel qu'il résulte des art. 576, 577 et 578, C. C. ?

Il faut convenir, qu'il a tout au moins une base véritablement juridique, et qu'à ce titre, il a pu donner la seule interprétation rationnelle et juridique de l'art. 2102, §4, C. N. Mais, en notre matière, la situation donnée est loin d'être la même; s'il ne s'agit que de la revendication d'un droit de rétention, il est hors de doute que le contrat est toujours maintenu ; en conséquence le vendeur rentré en possession, pourra, ou poursuivre l'exécution du contrat, ou en demander la résolution ; jusques-là, il n'aura pas sa liberté d'action. Or, ce résultat se produit-il en matière commerciale? en aucune façon. Si les syndics n'ont pas jugé à propos d'empêcher par le paiement, l'exercice du droit de revendication , la marchandise rentre libre et dégagée, dans le patrimoine du vendeur ; tous les liens sont brisés, le revendiquant peut immédiatement procéder à une nouvelle revente, et il ne connaît pas plus le failli, que s'il n'avait jamais traité avec lui.

Il s'agit donc d'autre chose, que de la revendication d'un droit de rétention ; mais, il ne s'ensuit pas pour cela, que le vendeur se présente comme un propriétaire ordinaire et c'est là, ce qui nous prouve, que le législateur a entendu s'affranchir de tous les principes d'un droit rationnel.

Comment comprendre, en effet, l'obligation où est le revendiquant, de rembourser toutes avances pour frêt, ou voiture, commission, assurance ou autres frais. Si le vendeur était toujours resté propriétaire, comme un déposant par exemple, la disposition de la loi serait explicable. Mais dans l'hypothèse, le vendeur est-il en faute? n'a-t-il pas exécuté son engagement? S'il reprend la chose, c'est que l'acheteur n'est pas en mesure de payer son prix ; et, ce dernier devrait seul supporter les conséquences de sa faute. Ainsi l'avait-on justement décidé dans l'ancien droit (1).

---

(2) Pothier. Traité du contrat de vente n° 470.

Quand le vendeur se borne à retenir la marchandise, qu'il n'a pas encore livrée, la décision de la loi est beaucoup plus logique : dans aucun cas, il n'est tenu de supporter les frais. Une deuxième anomalie, dont on ne peut rendre compte, consiste dans la faculté où sont les syndics, de payer le revendiquant, et d'arrêter, en le désintéressant, l'exercice de son droit.

En définitive, les dispositons du C. C, ne s'expliquent ni par la revendication d'un droit de retention, ni par la revendication d'un véritable droit de propriété.

Que faut-il en conclure ? Que la revendication quelque soit sa nature, n'est qu'un droit de faveur, injustifiable au point de vue des principes, mais expliqué par des considérations pratiques. L'habitude invéterée du commerce, s'est imposée au législateur et lui a forcé la main. Le droit de revendication, constituant un élément de crédit bon ou mauvais peu importe, a été consacré par la loi.

S'il en est ainsi, tout s'explique facilement, et les nombreuses restrictions apportées à l'exercice du droit lui-même, et les inconséquences que nous signalions plus haut. Le législateur nous apparaît constamment préoccupé de neutraliser les injustices d'un droit, qu'il n'a admis qu'avec regret. Voilà pourquoi la revendication s'arrêtera devant la possession réelle du failli ; voilà pourquoi encore, le revendiquant sera tenu de rembourser les frais, et pourra être repoussé dans sa demande, par un paiement effectif.

POSITIONS

DROIT ROMAIN.

I. A l'époque des Jurisconsultes classiques, et avant la constitution de Valentinien et de Théodose, en 426, le pupille était réputé *infans* jusqu'à l'âge de sept ans accomplis.

II. L'hypothèque est un droit réel accessoire.

III. Il y a antinomie, entre le § 30 du comment. II, de Gaïus, et le f. 66. D, *de jure dottium* de Pomponius.

IV. L'exécution forcée de l'*arbitrium* est toujours possible, à moins qu'il ne s'agisse de l'accomplissement d'un acte juridique.

V. Avant Justinien, les prérogatives des militaires, en matière de testament, subsistaient pendant toute la durée du service.

CODE NAPOLÉON.

I. Les servitudes continues et apparentes sont susceptibles d'être acquises par la presciption de 10 à 20 ans.

II. Les donations entre époux, faites par contrat de mariage, sont révocables pour cause d'ingratitude.

III. L'enfant renonçant ne doit pas être compté pour le calcul de la quotité disponible.

IV Les cours d'eau non navigables ni flotables ne se trouvent dans le patrimoine de personne, et doivent être rangés dans la classe des choses *nullius*.

V. La séparation des patrimoines ne constitue pas un véritable privilège.

DROIT COUTUMIER.

I. Les fiefs ont leur origine dans les bénéfices ecclésiastiques.

II. La transmission entre vifs du patrimoine, au moyen des formalités de l'*adfatomie* de la loi salique, a donné naissance à l'institution contractuelle.

PTOCÉDURE CIVILE.

I. La surenchère doit être admise, après une revente sur folle enchère.

II. Est bonne et valable, la cession consentie par un adjudicataire, dans les trois jours de l'élection de command, moyennant un prix supérieur à celui de l'adjudication primitive.

DROIT CRIMINEL.

I. L'étranger jugé dans son pays pour un crime commis en France, ne peut opposer l'exception de la chose jugée.

II. La prescription étrangère peut être invoquée par le Français, qui a commis un délit à l'étranger. Il n'en serait pas de même pour les crimes.

DROIT COMMERCIAL.

I. Le droit du porteur d'un billet de banque subsiste à l'anéantissement du billet.

II. Le preneur d'une lettre de change, qui reçoit paiement du tireur, après refus du tiré, peut être tenu de rapporter ce qu'il a reçu, à la masse de la faillite du tireur.

DROIT ADMINISTRATIF.

I. Le Préfet ne peut, malgré le Maire et le Conseil Municipal, défendre à une action intentée contre la commune.

II. Le Ministre est le juge ordinaire du contentieux, au premier ressort.

Cette thèse sera soutenue en séance publique, dans une des salles de la Faculté de Droit de Toulouse, le mercredi 30 décembre 1868, à 1 heure de l'après-midi.

––––––––––

Vu par le *Président de la Thèse,*

DUFOUR.

Vu par le *Doyen intérimaire,*

A. RODIÈRE.

Vu et permis d'imprimer :

Le Recteur,

ROUSTAN.

––––––––––

« Les visa exigés par les règlements sont une garantie des principes et
» des opinions relatifs à la religion, à l'ordre public et aux bonnes mœurs
» (Statut du 9 avril 1825, article 41), mais non des opinions purement
» juridiques, dont la responsabilité est laissée aux candidats.

» Le candidat répondra, en outre, aux questions qui lui seront faites
» sur les autres matières de l'enseignement.

TABLE DES MATIÈRES

DROIT ROMAIN.

Du Privilegium exigendi.

PREMIÈRE PARTIE.

Du Concours des créanciers en général.

DEUXIÈME PARTIE.

Du Privilegium exigendi en particulier.

DROIT FRANÇAIS.

Du privilége du vendeur d'effets mobiliers non payés et du droit de revendication.

Toulouse. — Imp. OAILLOL et BAYLAO, rue de la Pomme, 34.

www.ingramcontent.com/pod-product-compliance
Lightning Source LLC
Chambersburg PA
CBHW050108210326
41519CB00015BA/3868